こうすればできる

三重県の行政改革に学ぶ

自治体改革

Mamoru Murabayashi
村林 守

和泉書院

はじめに

この本は、自治体関係者に、自治体改革についての理解を深めてもらうために書いた。一つには、三重県の改革を紹介するものであるが、したり顔で「こんな改革をやりました」といわれても、それは所詮他人事であって、多少の参考にはなっても、一つの事例にすぎない。筆者は幸いにも、三重県の改革に携わった経験をもつだけではなく、行政経営改革について学問的な研究の機会も与えられた。三重県の改革を材料に、これからの自治体改革がどうあるべきか、どのように進めるべきかを明らかにしたいがために本書を執筆した。日本の自治体にとって適用可能で応用性のある行政経営改革のモデルとしては、三重県の改革がほとんど唯一の例ではなかろうか。その意味合いをくみ取っていただくことが、執筆の目的である。

一九九五年から始った三重県の改革は、当時全国的な注目を集めた。自治体改革への期待を大いに高め、全国からの視察が相次いだ。最近、三重県の改革が話題になることはなくなったが、多くの自治体で「変える」ことを掲げた首長が当選している。自治体改革への期待は、むしろふくらんでいるといってよいだろう。

最近の選挙結果などをみると、国民は、政治・行政の変革を望んでいるように思われるが、ではどのように変えるのかについては不明確だ。「減税」であるとか、「事業仕分け」であるとか、職員給与の減額とかが「改革」であるように言われているが、それらは、仮に改革の一端であるとしても、少なくともその本質ではない。

では、行政の改革はどのような方向に向うべきなのだろうか。三重県の改革はどのようなものであったのか、三重県の改革がその後どうなったのか、また、三重県の改革は自治体改革としてどのような意義をもつのか、を明らかにすることが、その答を導いてくれると信じている。

時代は大きく変っている。それにあわせて、自治体経営を変えなければならない。組織を動かしているさまざまな仕組みを変える経営システム改革、組織の組立てそのものを変える機構改革、そして職員の意識を変える組織の文化・風土の改革、この三つを総合的・一体的に進めるべきだというのが筆者の持論であり、組織の根幹から変えなければ時代の要請にはこたえられない。三重県の改革は、その三つを総合的に進めた、まさに三位一体の改革であった。

三重県では、十七年前の統一地方選挙の結果北川正恭氏が知事に就任し、その改革は全国から注目された。九年前に就任した野呂昭彦氏は、「北川改革の継承と発展」に取り組み、急進的でトップダウンという批判もあった北川改革を着実に県政のシステムとして定着させた。そして昨（二〇一一）年の統一地方選挙では、全国最年少の新しい知事が誕生した。鈴木英敬知事は、「新しい三重に変える」を掲げて当選した。四月二一日の職員への就任あいさつでも、「三重県が変わったな、三重県庁が変わったな、そのような変化を県民の皆様に実感していただける、そして県民の皆様の生活が良くなっていく、そういう改革を進めていくことが私の使命であると認識しています」と述べた。三重県では、今後広い意味での行政改革に取り組まれることは確実になっているが、改革の中身が明らかになるのには、いま少し時間を要するだろう。新しい改革が始ろうとしている今、北川改革と、その継承発展に取り組んだ野呂県政を振り返ってみることは、意義あることだと思われる。

三重県の改革を紹介した著作は、改革の当事者であった北川知事のものをはじめ、数多い。北川氏の著作は、三重県庁に乗り込んで改革を成功させた、そのリーダーシップを学ぶには最適の書であろう。しかし、実際に取り組んだ職員の側の視点は欠けている。職員として改革を進めた村尾信尚氏、梅田次郎氏の著作もあるが、その範囲は改革の一部にとどまっている。村尾氏の著作は、職員として日本で初めてニュー・パブリック・マネジメント的な改革に取り組んだ経験で書かれているが、惜しむらくは三重県在任中の三年間にとどまっている。梅田氏の著作は、事務事業評価システムについて学ぶには最適であるが、改革なかばで退職されたこともあり、改革の全体像を描いているとは言いがたい。本書では、職員側の視点も含めた改革の全体像を紹介することに腐心した。

本書の構成であるが、まず第一部では、三重県の改革を時間の流れにそってまとめてある。所詮他人事ではあっても、その改革の実像を知ることは、自治体改革を進めようとする者にとって大きなヒントになるはずだ。自治体改革のあり方を明らかにするための貴重な事例でもある。第一章が北川県政第一期、第二章が同第二期、第三章が野呂県政第一期である。安易に知事の任期で分けてあるようにみえるだろうが、北川県政、野呂県政ともに、任期間で成果をあげるという考え方で取り組まれたので、それぞれの任期での取組には特徴がある。その特徴を明らかにするよう心がけたつもりである。改革は執行機関にとどまらなかった。議会改革と職員組合の改革については、第四章、第五章で紹介した。

第二部では、三重県の改革から何を学ぶべきかを、行政経営改革論の成果も踏まえて考察した。第六章では、改革をいくつかの側面で切り分け、今の時点で振り返って、自治体改革にとってどのような意義があったのかを分析的に考えてみたい。三重県の改革を改革のパーツごとに「後知恵」で評価してみようということだ。三重県の改革で注目を集めた評価システムについては、独立させて第七章とした。終章となる第八章では、今後の自治体改革をどのように進めたらよいのかについて、筆者の考えを三重県の改革を踏まえてまとめた。

筆者は県職員として、北川改革・野呂改革に積極的に関わる立場にあったが、経験談を語るのではなく、客観的な事実関係を踏まえて記述をすることにした。そのため、自らの記憶に頼って書くことはできるだけ避けて、三重県の改革について書かれた著作や県政資料などを参照しながら記述した。北川県政に関しては、職員の手によってまとめられた『生活者起点の県政をめざして――三重県の改革八年の軌跡』を最大限活用した。同書の記述に基づいた場合には一々断っていない。同書からの引用については、引用元を『八年の軌跡』と略記した。

客観的な記述を心がけたとしても、どのような立場から改革を見てきたのかを伝えなければ、いささか衡平を欠くだろう。筆者は、一九九五年の北川知事の登場時点では、健康福祉部で高齢者福祉を担当していたが、同年一〇月に企画課に転勤を命じられ、一九九八年三月まで新しい総合計画策定の作業方の責任者であった。一九九八年度から二〇〇〇年度までは予算調整課長として予算編成の改革に携わり、二〇〇一年度には政策推進システムの開発グループのキャップとなった。二〇〇二年度から企画部門の管理者として、野呂県政下では「県民しあわせプラン」の策定グループやトータルマネジメントシステムの検討グループを上司として指導する立場にあった。二〇〇八年三月に退職するまで最後の三年間は、企画部門の部長職、つまり、「県民しあわせプラン」推進の責任者であった。

なお、筆者は、野呂県政の一期目が終るとともに三重県を退職しているので、その後のことは新聞情報程度で詳しくはわからない。本書で扱うのは、主に北川県政から野呂県政一期までの十二年間である。

〔注〕
引用文中〔　〕内は筆者が補ったものであり、傍点などは、断りのない限り、筆者が付したものである。

二〇〇三年一月に四日市で行われたシンポジウムにおいて、『生活者起点の県政をめざして——三重県の改革八年の軌跡』と題する冊子が配付された。この冊子は、実際に改革を担当した百四十人の職員が執筆したものであり、筆者は、その編集を担当していた。シンポジウム終了後は、それをベースに出版する計画であったのだが、力不足で出版にこぎ着けることはできなかった。

本書は、いわば、その志を継いで出版するものである。

当時同冊子の執筆にあたった三重県職員に、本書を捧げたい。

目次

はじめに……i

第一部　三重の改革十二年――職員の側から見た自治体改革――……1

第一章　北川県政第一期の改革――三点セットで進められたNPM的改革――……3

改革の始りは「黒船襲来」から　3
北川知事がめざした三つの改革　5
意識改革のためのさわやか運動　6
事務事業評価システムの導入　8
カラ出張の処理が意識を変えた　11
ニュージーランド改革の調査　14
システム全体の構造的改革へ――行政システム改革　17
組織機構改革とグループ制の導入　21

予算編成の改革　25
発生主義会計の導入　28
新しい総合計画「三重のくにづくり宣言」　31
改革のベースになった総合計画　34
実行するための計画　36
北川県政第一期の改革の特徴――ＮＰＭの強い影響　38

第二章　北川県政第二期の改革――二大戦略で進められた管理から経営への転換――……41
思い切った改革か、職員への定着か　41
経営品質との出会い　43
事務事業評価システムから政策推進システムへ　45
エクセレント・ガバメントをめざす二大戦略　48
改革パッケージとしての政策推進システム　50
総合計画の改訂――政策体系と評価体系の整合　51
みえ政策評価システム――三層の評価の導入　53
包括配分方式の予算編成システム　56
マネージャー制の導入――課長も係長もいない組織　57
三重のくにづくり白書の発行　62
統合型システムとしての政策推進システム　65

北川県政第二期の改革の特徴――管理から経営へ　66
第三章　野呂県政による継承・発展――ガバメントからガバナンスへ――……69
北川知事の不出馬宣言　69
北川県政の評価　71
野呂県政のスタート　72
県民しあわせプランの策定　74
生活者起点から新しい時代の公へ　77
トータル・マネジメント・システムの検討　79
みえ行政経営体系の導入――システム改革の到達点　81
マネジメントのベース　82
県政のビジョン、戦略としての総合計画　84
戦略展開の主要な仕組み――率先実行取組　87
評価の主要な仕組み　91
広聴広報・情報マネジメントの仕組み　92
みえの文化力指針　95
野呂県政第一期改革の特徴――経営品質への傾斜　96
第四章　もう一つの改革――三重県議会の改革――……102
三重県議会でも改革が始った　102

議会の政策立案力の強化　103
議会の基本理念を定めた　106
二元代表制をめぐる議会と執行部との緊張　109
議会と執行機関との関係　112
県民のための改革　114

第五章　職員の反応と組合改革——労使協働への道——……116
北川改革に対する職員の反応　116
評価システムに対する職員の反発　118
北川改革に対する職員組合の反応　122
労使協働委員会の発足　124

第二部　三重の改革の意味するもの——何を学ぶべきなのか——……129

第六章　三重の改革、その特徴と教訓——「行革」と行政経営改革との違い——……131
「行革」とどう違うのか　131
トータルとしてのシステム改革　135
新しいタイプの総合計画　137
査定から調整へ——部局に委ねる新しい予算編成　139

組織機構の改革――三重県型フラット化の意味　145
三重県改革の成果　149
第七章　評価システムが経営改革に果たした役割……152
評価システムを梃子にしたシステム統合　152
日本型行政評価　153
行政評価についての基本的な理解　154
行政経営改革は評価システムの導入から？　158
目的志向への意識改革ツール　160
県民・議会への説明責任　162
計画と予算を結び付ける評価システム　164
システム統合の中核　165
監査委員評価の導入――外部評価は必要か　167
評価システム、今後の展望　171
第八章　どのように改革を進めればよいのか……174
なぜ自治体改革なのか　174
地方分権改革と自立経営　177
地方財政危機の本質　179
効率的な行財政運営の本当の意味　184

自治体改革の方向　186
住民と協働するための改革——行政のリーダーシップ　188
自立経営のためのビジョンと戦略　190
効果測定は不可欠——経営システムへの組み込み　193
住民参加——マニフェストサイクルの確立　195
組織の三つの側面からアプローチ　197
改革を進めるうえでの留意点二つ　200
おわりに……205
参考文献……210
巻末参考資料……220
三重県の改革で変わったこと
三重県行革年表

第一部　三重の改革十二年

――職員の側から見た自治体改革――

第一部ではまず、十二年におよぶ三重県の改革を時間の流れにそって概観する。知事の任期ごとに三期に分け、それぞれの任期での取組の特徴を紹介する。

第一章では、北川県政第一期に進められた改革三点セットを概観し、ニュー・パブリック・マネジメントの影響について考える。

第二章では、北川県政第二期の二大戦略、つまり経営品質向上活動と政策推進システムについて概観するとともに、「管理から経営へ」の意味について考える。

第三章では、知事の交代と野呂県政第一期について概観し、北川改革と野呂改革の連続性について考える。

改革は執行機関以外も巻き込んで行われた。第四章で三重県議会の改革を、第五章で改革に対する職員組合の対応を概観する。

第一章　北川県政第一期の改革

――三点セットで進められたNPM的改革――

改革の始りは「黒船襲来」から

三重県の改革は、「北川知事が誕生した一九九五年四月を起点とする」(吉村裕之『三重県の行政システムはどう変化したか』)。

一九九五年は統一地方選挙の年であった。三重県では、一九七二年一二月に初当選以来六期二十二年余にわたって県政を担当してきた田川亮三知事(役職は当時のもので敬称は略した、以下同様)が引退を表明、副知事を後継者に指名していた。それに対して、衆議院議員の北川正恭が、官僚知事体制を続かせてはいけないという論陣を張って立候補した。東京都知事選の青島幸男、大阪府知事選の横山ノックとともにマスコミにも注目されていた。大変な接戦で、北川の当確が出たのは、東京都、大阪府よりも遅く、選挙の速報番組が終る直前であった。

振り返ってみればこの一九九五年という年は、わが国の社会にとってもまことに大きな「節目」の年であった。一月に阪神淡路大震災があった年で、後に「ボランティア元年」と呼ばれ、北川改革が「市民セクター」を意識するきっかけともなった。この大震災は、実は、就任早々の北川知事を「ピンチ」に陥れ、それをチャンスに変えることによって「職員の意識改革」を進めることにもなる。この年は、戦後五十周年の節目でもあったし、また七月に地方分権推進法が施行され、「地方分権改革元年」でもあった。

前年の一九九四年には、政治改革の一環として、衆議院議員選挙の選挙制度が、長年続いた中選挙区制から小選挙区比例代表並立制に変更された。翌年の一九九六年一月には、橋本内閣が発足しているが、改革色の強い内閣で、その後の国政の改革に大きな影響を与えた内閣であった。わが国全体が、明治維新、戦後改革にならぶ「第三の改革」を迎えようとしているといった時代の雰囲気は確かにあった。

そのような「時代」に、三重県民は「改革派」の知事を選んだ。北川は、このような「節目」の年に、改革を掲げて立ち、元副知事の候補者を僅差で破って登場したのであった。某新聞の見出しに「黒船襲来」と活字が踊ったように、どんな改革が行われようとしているのか、三重県庁は固唾をのんで新知事を迎えたのであった。

しかし、それまでの政策を否定して矢継ぎ早に新しい政策を指示するようなこともなく、福祉部門に籍を置いていた筆者は「意外に平穏ではないか」と思ったと記憶している。北川知事が「否定」しようとしていたのは、個別の政策などではなくて、「県政のあり方」そのものだった。改革は何と、職員の意識改革から始まったのだ。

図表1.1　三重県のめざした三つの改革

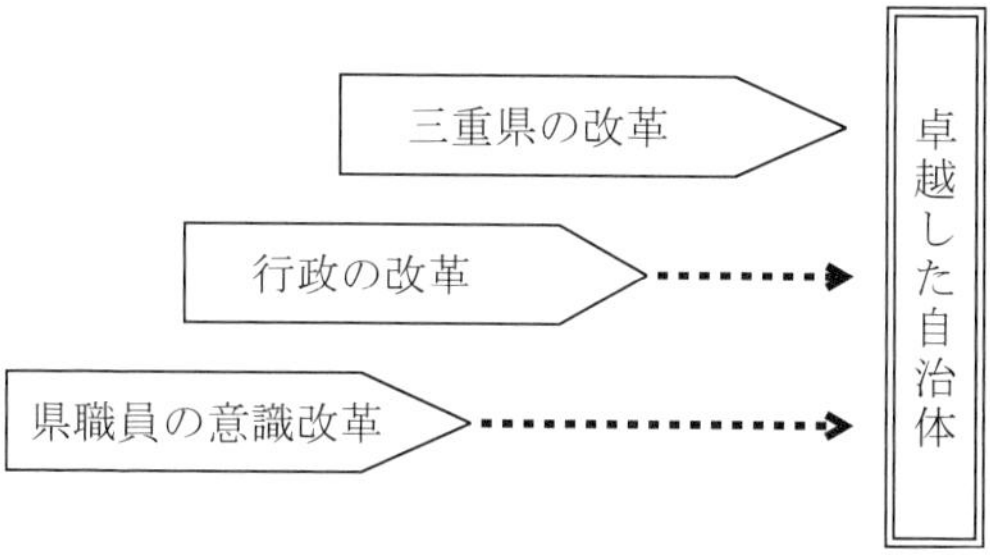

出典：三重県資料を参考に筆者作成

北川知事がめざした三つの改革

六月議会の知事提案説明のなかで、北川知事は当選後初の所信表明を行ったが、このなかで「生活者重視の県づくりを目指して、三つの『改革』を進め」ると述べている。「第一に、『県職員の意識改革』に取り組み」、「次に、『行政の改革』を積極的に進め」る、「県職員の意識改革、行政の改革を通じて実現すべきは『三重県の改革』で」あるというのだ。

「職員の意識改革」とは、組織の風土や文化を変えていくということだろう。まずこれから取り組み、次に行政を運営している仕組みとかシステムを変える「行政の改革」、そして三重県を発展させていくだけの力量をもった県政に変えるという意味での「三重県の改革」、この三つの改革を、段階を踏みながらも並行的に進めていこうと考えていたのであろう。

意識改革のためのさわやか運動

北川知事の任期は、一九九五年四月二一日から始ったが、その約三か月後の七月二七日には、「さわやか運動」のキックオフ大会が開かれた。

さわやか運動の「さ」は「サービス」、「わ」が「わかりやすさ」、それから「やる気」、「改革」の頭文字をとったネーミングだ。当時の三重県庁では、「サービス」という言葉は耳なれないもので、相当なインパクトをもっていた。「お上」意識を捨て、県民のためのサービス機関としての意識をもてと、職員に意識改革を迫るものだった。

職員の意識あるいは価値観といったものは、その組織の風土として仕事に反映している。組織に深く染みこんでいるお上意識、統治者意識みたいなものを、まず変えようとしたのだろう。知事から、君たちはサービス提供機関なんだ、競争がないからといってそんな仕事で許されるのか、隣に第二県庁ができてもっといいサービスをしたらどうなるか想像してみたらどうだ、といったようなことを言われて、職員は相当な衝撃を受けた。県民にサービスを提供することがあなた方の仕事ではないのかという問いかけを職員に突きつけたのが、さわやか運動であった。

キックオフに先立つ七月二〇日には、副知事が室長を兼ねる「知事直属の地方分権・行政改革総括推進室が設置され」た（梅田次郎「政策評価導入の体験」）。「推進室が県庁の一階にあったこともあり、知事が毎朝、前触れもなく激励に寄り、その五分後くらいに副知事兼室長が寄って行く」といった雰囲気の（『八年の軌跡』）強力な推進体制がつくられたのだ。

まず取り組まれたのは、「さわやか提案」という職員提案の募集だった。四千七十六件の応募が六百一項目に整理され、そのうち五十五項目、十七億円が具体的な改善策として採用されて一九九六年度予算に盛り込まれた。さらに、一九九七年度、一九九八年度でも三十四項目、二億六千万円が採用された。

採用された提案の一例に、名刺の公費負担制度がある。職員に三重県のPRを刷り込んだ名刺を持たせて、あちこちで配ってはどうかという提案だった。伝えられるところによると、この提案はボツになりかかったという。当時の自治省が、名刺には私的な要素があるから公費負担してはいけないという考えを示していたからだ。北川知事が良い提案ではないか、それは自治省の方が間違っていると言ったとかで、一転採用になったといわれている。エレベータのコンピュータ制御も採用された。三重県の本庁舎の正面玄関のエレベータは四基あるが、当時はボタンを押すと四基とも同じように動くため、箱が来るまで長時間待たなければならなかった。職員誰もが不便だと思っていたのに、予算が付きっこないと誰もが思っていた。これが提案の採用で一気に便利になった。さわやか提案は、変えようと思えば変るのだと実感させようというのがねらいだった。

「さわやか提案」のほかに、「さわやかセミナー」、「若手ワーキンググループ」などに取り組まれたが、さわやか運動の中心になる取組は「事務事業評価システム」の導入であった。

事務事業評価システムの導入

当時の関係者の「証言」(梅田次郎・竹内泰夫「三重県の事務事業評価システム」、北川正恭『生活者起点の「行政革命」』、村尾信尚・森脇俊雅『動きだした地方自治体改革』)によると、事務事業評価システムは、おおよそ次のような経緯で導入された。

北川知事が就任した当時、全国の自治体は、自治省から行革大綱をつくるように指導されていて、三重県庁でもそのための体制ができていた。総務部の行革担当職員が改革案を北川知事に見せたが、従来型の改革であるということで受けいれられなかった。知事と何回かやりとりがあったすえに、アメリカの新しいタイプの改革を紹介したオズボーンとゲブラーの『行政革命』という本を見せ、知事の言っている改革とはこのようなことですか、と尋ねたところ、だいたいそうだ、ということになり、知事と行革担当者の間で「一致点」が見出された。そこで、同書の訳出、出版をしていた日本能率協会に声をかけたところ、「事務事業評価システム」を核にした改革の提案を受け、それが採用された。「一九九五年度から一九九七年度までの三年間で、トータル二億千四百万円の予算を投入し」(『八年の軌跡』)、「事務事業評価システム」の構築が進められたのである。

事務事業評価システムは、一九九五年の夏には次長級以上の幹部職員を集めて研修が行われて開発・試行が始り、翌一九九六年度から本格導入された。先の経緯にてらせば、事務事業評価システムがさわやか運動の一環というよりは、事務事業評価システムを核にした行革運動がさわやか運動だった。

この事務事業評価システムの導入で、三重県の改革は全国的に注目を集めるようになった。行政がやったことをきちっと評価することが大事だ、評価するという文化がなかったところに評価をもちこんだことがすばらしいというように言われたのだ。それはそのとおりではあるが、目的から考えるという発想を行政にもちこんだことこそが重要だと思われる。

「事務事業評価システムの基本的な考え方には三つのポイントがあった」という。一つは、事業の目的を明らかにし、その目的そのものの妥当性と手段の有効性について検証しようとした。二つ目には、政策体系にもとづき、より上位の目的に照らして有効かを検証しようとした。それによって、共通の上位目的をもつ部署同士が連携して総合的に取り組むことも期待していた。三番目に、「目的の達成度合いを計るための物差し」として数値化された「成果指標」をもつことによって、「『サービス』の受け手である生活者」の視点で評価しようとした（『八年の軌跡』）。これらを可能にしたのは、目的と手段の体系にもとづいて評価するというアイデアであった（図表1．2参照）。

職員が執行しているのは、図表1．2でいえば一番下の段にある事務事業になる。行政の職員は、決められたことを決められたとおりにやることが仕事だと考えられていた。政策は、国で決められて

図表1.2　目的と手段の体系（政策体系）

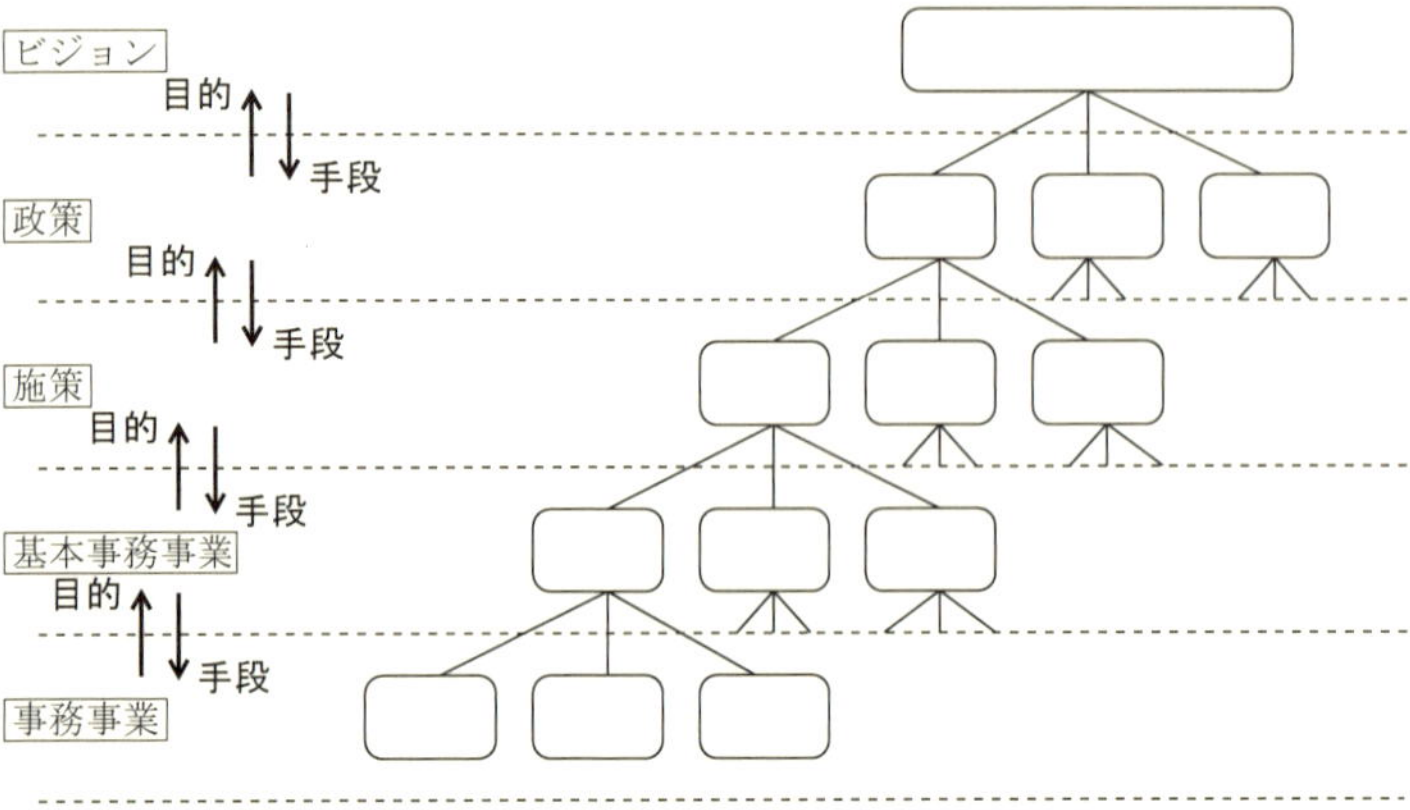

出典：梅田次郎・竹内泰夫「三重県の事務事業評価システム」を参考に筆者作成

法令とか通達を通して自治体に指示がくるものであり、そのとおりに間違いなくやることが大事で、その事業を何のためにやっているかということはあまり考えずにやってきた。それに対して事務事業評価システムは、事務事業は県民のために何かを達成するための手段としてやっているのだと宣言し、何を達成しようとしているのかと問いかけたのだ。

たとえば、図表1．2では、ビジョンを達成するために政策、施策、基本事務事業、事務事業という四段階の目的と手段の体系がとられている。事務事業というのは上位の目的を達成するための手段だと位置づけられ、その視点から、自らの行っている事務事業の評価をすることによって、職員の意識を変えようとしたのが、事務事業評価システムである。

どんな目的のためにやっているのかを考え、今度は、その目的の体系にそって事務事業の数値目標を考える。

その数値目標が、県民に対する成果を表す「成果指標」になっていて、それにてらして、次年度以降の「改革案」を考えるというふうに評価表はできていた。評価表自体が、プラン（計画）・ドゥー（実行）・シー（評価・改善）のサイクルに合わせて設計されていた。

カラ出張の処理が意識を変えた

六月議会で述べられた所信にしたがって、さっそく「さわやか運動」に取り組まれたのだが、長年にわたってつくられてきた職員の意識というものは、それだけで簡単に変るようなものではなかった。当時中心になって改革を進めた当事者たちは、カラ出張問題の処理の過程で職員の意識が変ったと感じている。北川自身（高塚猛『組織はこうして変わった』）も、「一番大きなピンチは不適正執行、いわゆるカラ出張の問題が起こったときですね。しかし、この問題の処理を巡って、私は決定的に県の職員の意識が変わったなと思いました」と述べている。三重県におけるカラ出張問題の処理経過を、梅田次郎（『現場直言！　自治体実行主義』）と、村尾信尚（『「行政」を変える！』）を参考に整理してみよう。

北川知事が就任した当時の一九九五年には、官官接待の問題が全国的に取り上げられていて、情報公開制度により食糧費とかの開示請求をするという取組が全国的に展開されていた。報道も大きく扱っていて、ポケットマネーで飲みに行くにもちょっと気をつかわなければならないような雰囲気があった。

一九九六年一月に、全国市民オンブズマン連絡会議は、都道府県の監査委員事務局を対象として一九九四年度の旅費・食糧費に関する情報公開を求めることを決定、三重県に対しても三重市民オンブズマンから開示請求が行われた。請求によって開示されたなかに、阪神淡路大震災が発生した一九九五年一月一七日に監査委員事務局職員が佐賀県に二泊三日の出張をしたという書類が発見され、朝日新聞により大々的に報道された。震災で動いていなかったのに新幹線を利用したことになっていて、カラ出張が強く疑われた。

ほかにもカラ出張疑惑が指摘されるなかで、人事課長を班長とする調査班がつくられ実態調査が始められた。また、「予算執行調査委員会」と「予算執行適正化委員会」が庁内組織として設けられ、ともに総務部長を委員長とし各部局長が委員となった。

調査に当たっては、正直に申告したものは組織で責任を負うが、調査後に発覚したものは個人に責任を求めるとされた。八月末を期限とされた調査の結果、不適正な支出の総額は十一億六千六百万円余になった。それを踏まえて、委員会では部長たちの深夜に及ぶ議論が積み重ねられた。その結論は、

①実態調査の結果は全面的に公開する、
②不適正執行額は管理職によって全額返還する、
③幹部職員の処分を行う、

というものであった。

その報告を受けた北川知事は、以上の結論を了承し、一九九六年九月一三日に、一部始終を公表、陳謝するとともに、課長級以上の幹部職員を県庁講堂に集めて訓示した。一億円でも二億円でも予算をとることが県民のためだと思って、そのためには官官接待をしてでも一生懸命努力してきたんだろう。しかしその時代は終った。つらいことだけど、すべてをさらけ出して、そこからスタートしなければならない。県民の信頼回復のために、職員が一致団結して力を発揮してほしい、といったことを、時に涙ぐみながら訴えた。

具体的な処理としては、（財）三重県職員互助会が、不適正執行額全額を金融機関から借り入れて一括返済し、それを管理職全員が、毎月の給与から約十年がかりで返還するという計画が立てられた。返還の負担は、部長級で月額三万円余、課長級で一万円余になった。その後管理職に昇格した職員もこの計画に加入する、管理職の退職時には負担見込の残額を退職金から一時払いする、という厳しいものだった。強制できる性質のものではないので、この返還事業に参加しますという意思表示が必要だった。管理職といっても、裏金に関係のないような職場では抵抗もあったようだが、管理職全員がハンコを押して、返還が始った。

今後裏金事件が起きないように、改善策も図られた。裏金の使途には備品の購入などに充てられたものがあったので予算を実態に合わせるとか、交際費については執行基準をつくるとともに使途を公開するとか、不適正な執行が起こらないように仕組みを整えた。あわせて、今後発覚するようなことがあれば、それはすべて個人の責任とされた。つまり公金横領の犯罪に問われることになる。行政の体質としての裏金は、以上の取組によって根絶されたと考えられている。必要なものはちゃんと予算措置をするが、県民に説明できないようなお金の使い方はもう二度としないと、骨身にしみたのだ。

この過程で職員は、知事の言っているとおり今までのパラダイムが変ったんだ、これから新しい県庁をつくって県民の信頼を回復するしかないんだと思い、そのことがその後の改革を進めていったのだと理解されている。

ニュージーランド改革の調査

さわやか運動は三年間の計画で始ったのだが、それを追いかけるように、「行政システム改革」という取組が始った。

そのきっかけは、総務部長がニュージーランドの行政改革を視察したことだった。カラ出張の調査がされて処理に少しメドがつきかけてきたころ、北川知事が総務部長を呼んで、ニュージーランドの行政改革を見てくるように指示したとされている（村尾信尚『「行政」を変える！』、北川正恭『生活者起点の「行政革命」』）。もっとも筆者は、行政管理課長が仕組んだのが真相ではないかと睨んでいる。同課長は、国際交流が「趣味」でニュージーランドにホームステイした経験をもっていたし、日程などをセットをしたのも彼だ。彼のセッティングよろしきを得て、総務部長は強い衝撃を受けて帰国し、改革を決心したのだ。

調査は、一九九六年七月二六日から八月一日という日程で行われたが、実質は三日ほどしかないなかでニュージーランドの行革のほとんど全般を見たのだった。筆者も同行したのだが、午前二か所、午後二か所のオフィスを訪問して説明を受け、夜は昼間訪問した人を夕食に招いて会食しながら昼間の話を補足するという非常にタイトなスケジュールであった。調査団の一行は、一匹の羊も見なかったねと言いながら帰国の途についた。公的部門改革に携わっている職員から詳しく話を聞いただけではなく、ニュージーランド銀行の総裁、労働組合の中央組織、自治体の行政長官、大学教授、ニュージーランドテレコムと実に幅広く訪問し、いろいろな角度から話が聞けた。改革に批判的な意見も聞くことができた。

筆者も、日本でいわれている「行革」とは全く違った行政改革を目の当たりにして、非常に強い印象を受けた。当時日本では、外国人を公務員に採用できるかどうかが議論されていて、外国人がわが国の意思決定に参与できないのは「当然の法理」であって公務員に採用はできるが管理職にはなれない、とされ、法学者、公務関係者も世間もそのように理解していた。ところがニュージーランドでは、改革によって公務員は職ごとに公募されるようになり、外国人でも応募ができ、実際に外国人が主要ポストに就いていた。ニュージーランドは英米法の体系をとっていて、大陸法系の日本とは違うとはいえ、法に基づいて政治行政が行われていることに変りがない。ニュージーランド法で何ら問題のないものが、わが国で何の法律もないのに「当然の法理」だと切って捨てられることは、まことに解せないことである。

ニュージーランド・テレコムは、日本でいえば電電公社が民営化されたＮＴＴのようなものだが、何と大半はアメリカ資本になっていた。要するに、通信インフラを外国資本に売却したのだが、テレコムの職員は、ニュージーランドの法によって規制されているのだから何の問題もないと言い切っていた。

日本の改革議論が、聖域を設けてそこから先だけを議論しているのに対して、ニュージーランド改革では「何でもあり」だったのだ。ただし、ニュージーランド改革は、もっとも理論的に設計された行政経営改革だと評価されており、「改革の一貫性・包括性こそ、ニュージーランド・モデルの最大の特徴で」ある（和田明子『ニュージーランドの公的部門改革』）。日本の「行革」は、聖域を設ける一方で首尾一貫しないように思うがいかがだろうか。なお、ニュージーランドの改革については、三重県の調査団をサポートしてくださった和田明子（前掲書および『ニュージーランドの市民と政治』）が詳しいので、そちらをご覧いただきたい。調査団の成功は、彼女のサポートによるところ大だと思う。

システム全体の構造的改革へ――行政システム改革

話をニュージーランドの改革から三重県の改革に戻すが、それまでの既成概念にとらわれずに大胆に変えていくニュージーランドの改革が、「ニュー・パブリック・マネジメント（NPM）」という考え方で行われていると聞いて、総務部長は、三重県でもNPM型の改革をやるべきだと決意を固めた。翌一九九七年度、行政システム改革の検討が始り、一年間かけて二十一項目の改革が『平成10年度行政システム改革』としてまとめられ、一九九八年度から実施に移された（図表1．3参照）。

行政システム改革は、検討の進め方にも特徴があった。部長クラス以上の幹部職員による「行政システム改革検討会」が設けられたが、深夜に及ぶ侃々諤々の議論が展開され、私たち一般の関係職員もそれを傍聴していた。徹底議論によって庁内合意を形成しようとしたのだ。

特に特徴的だったのが議会での議論だった。執行部でさんざん検討して案が固まった段階で説明するのがそれまでのやり方だったが、検討過程のものを積極的に議会に出していった。六月議会では総論的なものを出して、九月議会ではもうちょっと具体的な案をというように、執行部内でも検討中で議論のあるものを出していった。

「事務事業の見直し」（図表1．3の11）では、公共セクターと民間セクターの役割分担を「公的関与の考え方」として整理し、それにもとづいて全事務事業の見直しを行ったのだが、事業担当部と総

図表1.3　行政システム改革の考え方

住民満足度の向上

サービスの受け手の立場に立った生活者起点の行政

- **分権・自立**

  住民のニーズに合ったきめ細かなサービスを提供するため可能な限り住民に近いところで各々責任を持って、サービスを提供する。
  ○補完性の原則
  ○総合行政・広域行政

  1. 地方分権の推進
  2. 市町村への権限移譲
  3. 県民局の充実強化・組織の統合化
  4. 現行の総務部の権限縮小
  5. 民間の自立自助
  6. 本庁組織の再編
  7. 職員の育成

- **公開・参画**

  税金の使途（県民へのサービスの内容等）を明らかにするとともに、サービス内容に住民の考え等を反映させる。
  ○アカウンタビリティ
  ○行政の明確なルール化

  8. 情報公開の推進
  9. 広報・広聴機能の充実・強化
  10. 県民へのサービスの内容等の公表

- **簡素・効率**

  最小の費用で最大の効果をあげる。
  ○行政のスリム化
  ○選択と競争
  ○財政構造改革

  11. 事務事業の見直し
  12. 民営化・外部委託化
  13. 事務事業評価システムの定着
  14. 中長期的な財政見通しの公表
  15. 補助金等における競争原理の導入
  16. 公共工事のコスト縮減
  17. 「ハコ物」建設の抑制
  18. 外郭団体の整理縮小
  19. 定員・給与の適正化
  20. 職種区分の見直し
  21. 発生主義会計の導入

出典：『八年の軌跡』

務部では見解が違っていた。庁内議論によって、廃止検討対象が二百七十五事業に絞られた時点で、それを議会の行政改革調査特別委員会に提出した。総務部長がなぜ廃止すべきかを述べ、担当部長はなぜ県の事業として残す必要があるかを述べた。それに対して、議員が意見を述べるという形で調査が進んだのだ。議会の意見も踏まえて、最終的に二百二事業の廃止が決った。一九九七年度予算の事業費にして、約三十五億円相当だった。

改革についての意見を聞いたのは議会だけではなかった。県民集会を何回か開いて、その時点の案を説明し意見を求めた。「本庁組織の再編」（図表1．3の6）では、農林部門と商工部門の統合が議論になった。総務部の再編案では、一次産業も今後は二次産業化、三次産業化を視野に入れて活性化しなければならないのに農林と商工が縦割りの別組織ではうまく対応できない、統合して「産業経済部」にしてはどうかというものだった。この案には議会でも、農林水産業の特殊性を無視することになるのではないか、といった意見が出された。県民集会においては、複数の農林水産関係者が、これからは「六次産業」の時代だといわれているから組織の統合には反対しないが、農林水産業には他の産業にない特殊性がある、「産業経済部」ではなくて「農林水産」という名称を残してほしい、といった意見が出された。これによって、統合方針はほぼ固まった。つまり、「農林水産商工部」という長い名前の部が誕生したのだ。

このように徹底議論によって、合意をとりつけるという手法には、もう一つ工夫があった。まず、全体に通じる基本的な考え方が、「分権・自立」（住民のニーズに合ったきめ細かなサービスを提供するため、できる限り住民に近いところで各々責任を持ってサービスを提供します）、「公開・参画」（税金の使途等を明らかにするなど情報公開を進めるとともに、住民の参画を促し、住民の意見等を公共サービスに反映させます）、「簡素・効率」（官民の役割分担を明確にして、民間でできるものは民間に委ねるなど行政のスリム化に努めるとともに、効率的な行政を確保し、最小《ママ》の費用で最大の効果をあげます）という三つのキーワードで提示された。次に、それに従って必要な改革項目が示され、各改革項目ごとの議論へとうつっていたが、その場合も、まず基本的な考え方が議論され、次にそれを適用した具体的改革方策が議論された。議論の材料としてまず総論部分が提示され、およその合意を取り付ける。その総論にしたがって、より一般原則からそれを適用した改革の具体案へと段階的に示されたのだが、その際、総論の適用に例外は設けられなかった。たとえば「事務事業の見直し」であれば、「公的関与の考え方」が示されて議論したのちは、以後の議論はそれの適用に土俵が限定されるので、ちゃぶ台をひっくり返すような議論はできなかった。

このような議論を経て、一九九八年三月には、図表1.3にあるような二十一項目の改革が決められた。これらの改革項目は、今から見るとそれほど目新しいものではないが、当時としては、新しい改革として考えられるものはほとんどすべてが盛り込まれたといえよう。広範で先進的な改革二十一項目が、パッケージとして取り組まれることになったのだ。行政システム改革は、一九九八年度から六か年の計画でスタートしたが、二〇〇〇年度までの三か年が集中改革期間とされた。進捗は、毎年度公表することとされ、議会でも調査することになった。改革項目は計画されただけでなく、議会から厳しい意見をもらいながら、着実に実行されていった。

このように思い切った改革をスタートさせることができたのは、改革案の検討過程でオープンかつ幅広い議論を行ったことにあったと思われる。意見を封じ込めるのではなく、徹底的に議論して反対を論破することによって改革を進めるという戦術が成功したものだと理解している。

「行政システム改革」は、「従来の行政の考え方や枠組みをすべて見直し」、「職員一人ひとりの意識や組織の運営方法など機能面の改革を含むシステム全体の構造的改革」をめざしたものとされている（北川正恭『生活者起点の「行政革命」』）。一九九五年六月の所信表明で北川知事が述べた「三つの改革」からいえば、第一の「職員の意識改革」から、第二の「行政の改革」に、つまり「県民ニーズに的確に対応できる、地方分権の時代にふさわしい、簡素で効率的な行政システムの確立、すなわち行政の改革に全力で取り組」むという段階に進んだことになる。

組織機構改革とグループ制の導入

行政システム改革は、広範な取組であったが、そのなかのいくつか特徴的な取組を紹介してみよう。

組織については、行政システム改革の一環として、一九九八年四月から、大きく二つの改革が行わ

図表1.4　行政システム改革の組織機構再編のイメージ

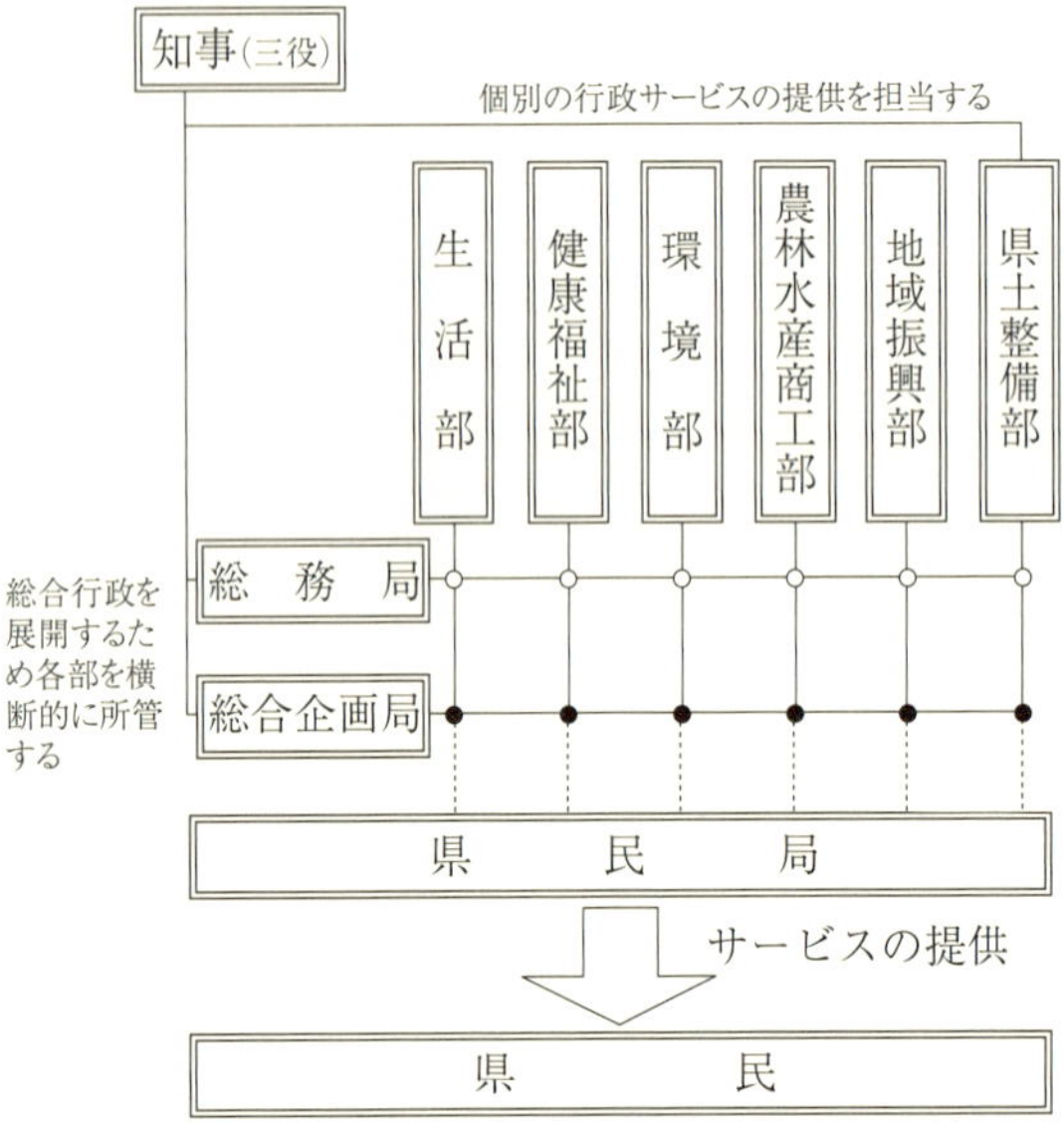

(注) ○＝各部本務、総務局兼務　●＝総合企画局本務、各部兼務

出典：三重県『平成10年度行政システム改革』

れた。ひとつは、「組織機構の改革」で、本庁組織を再編するとともに、地域機関については、各部の地域事務所を県民局の部として県民局長の統轄の下におき、県民局長の総合調整権限を強化した。

本庁組織の再編では、資料として図表1．4のイメージ図が掲げられ、「組織のマトリックス体制を明確に」するとされている。「総合行政を展開するため各部を横断的に所管する部門を『局』」、「個別の行政サービスの提供を担当する部門を『部』」と区別され、サービス提供部門は、総合計画の「五つの政策の柱」にそって、六つの部に再編された。総務と企画は、直接県民にサービスするのではないのだから、「局」だと位置づけられた。ちなみ

図表1.5　グループ制のイメージ

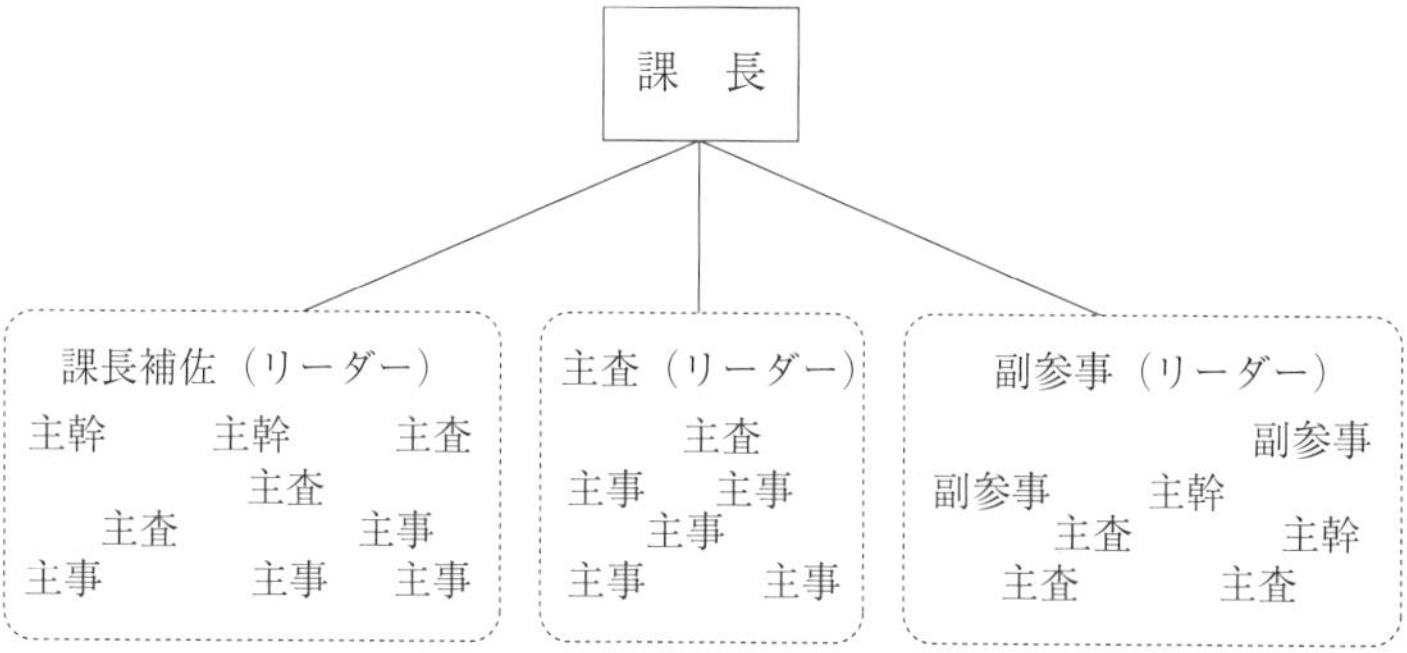

出典：三重県『平成10年度行政システム改革』

に、新生・総務局は、「We will support」という言葉を組織経営のキャッチフレーズとし、事業部局のサポートが任務だと自ら宣言したのであった。中央省庁では局の下に部がおかれているので、局長が部長より上のような受け止め方も一部にはあったが、事業部局を通じて県民にサービスするのだ、事業部門がより機能するように仕向けることができないのなら、総務や企画は無駄なものになってしまうのだ、とそのような意味合いの組織改革だった。

行政システム改革における組織改革のもう一つは、「組織の運営方法の見直し」で、「原則として係制を廃止し」、グループ制が導入された。従来の係にかわってより大括りなグループをおき、グループ構成員の一人をグループ・リーダーとした。グループ・リーダーは、係長のような監督者というよりは、他のグループ員と同様に担当の職務を分担しながらグループの一員としてグループをまとめる役割だとされた（図表1．5参照）。

そのねらいは、「組織階層のフラット化により意思決定の迅

速化を図るとともに、柔軟な組織運営を行うため」とされた。つまり、
○説明、報告、協議、決裁等の段階を短縮することにより、事務処理の迅速化を図ること、
○細分化された係等を大括りにすることにより、業務の繁閑や優先度に合わせた人員配置をしやすくするとともに、新たな課題等により迅速・的確に対応できる体制とすること、
○職員がその能力、経験、知識をより発揮しやすい組織運営を目指すこと、
が、その導入のねらいであった。

当時の担当者から聞いたところによると、係制を全廃する考えではなかったとのことだ。確かに三重県資料（『平成10年度行政システム改革』）には、「係についても部局長又は県民局長の判断で設置・改廃することができる」という一文があって、一九九八年度以降も係があるという前提で書かれている。職場によっては、グループ制よりも係制が適していると考えていたとのこと。つまり、係を残すかグループ制に移行するかは各部局側の判断に委ねられていたというのだが、当時は例外を認めない雰囲気であったことも確かだ。総務部がそのような雰囲気を演出したのだろうか、それとも各部局長の「功名争い」によるものだったのだろうか。結果的に全ての職場がグループ制に移行し、係制は全廃された。グループ制は、事務事業評価システムと並んで職員の評判が悪く、改革を批判する有力な理由（つまり改革が進まない原因）になったのだから皮肉である。

当時外部向けに出された『平成10年度組織機構改革の概要』という三重県資料を見ると、グループ

制については何も触れられていない。資料には、各課のグループ編成と「主な所掌事務」が載っているにもかかわらずである。県民にとっては、その接する職員が従来は何係の何某であると名乗っていたのが、何グループの何某であると名乗ることになるのだから、その意味を知る必要がある。人事当局には、そのような県民目線に欠けていたのだろうし、機構と職制は密接に関連するという認識が薄かったのだろう。

予算編成の改革

一九九八年四月からスタートした行政システム改革の二十一項目のなかに「現行の総務部の権限縮小」という一項が盛り込まれ（図表1．3の4）、「組織・定数、人事及び予算に関する現行の総務部の権限を縮小し、各部局の裁量に委ねます」と明記された。「組織・定数に関する権限」、「人事に関する権限」、「予算に関する権限」の三つに分けて、具体的な改革方針も示されており、予算に関しては、次のような改革が明記された。

○財政フレームは、三役及び各部局長で構成する「財政会議」において決定する。
○事務的経費は各部局に総額を配分のうえ、各部局の権限と責任において予算計上する。
○各部局の主要な企画調査予算の決定にあたって、総合企画局の意見を反映させる。
○予算要求・決定・配分過程に県民局長としての意見を反映できるシステムを構築する。

また、一九九八年度からの組織機構改革の一環として、財政担当課の名称は、総務部財政課から総務局予算調整課へと変更になった。「局」への名称変更は、直接県民にサービスする事業部門と区別したものだが、予算調整課への名称変更は、それ以上に意味のあるものであった。北川知事は、部長が一生懸命考えた予算を主査ごときが査定するというのはおかしい、と言っていた。各部と対等の立場で調整する「予算調整」課に変えようというねらいを示しているのだ。

行政システム改革の方針に従って、財政会議が設置され、一九九九年度当初予算の議論が始った。一九九八年八月二五日に第一回の会議が開かれ、一月二六日までに計十二回が開かれた。各三時間程度の議論が行われ、一九九九年度予算は新しい方式で編成された（中村征之『三重が、燃えている』）。従来の査定方式は廃止され、各部局が事務事業評価システムにもとづいて優先順位を決め、それを尊重して予算調整する方式に、予算編成システムが改革されたのだ。

財政会議が設置された年は、予算編成にとっては、もう一つ特別な事情のある年であった。一九九七年は、景気が回復して、税収も少し上向いてきていた。それに対して、ときの橋本内閣が九兆円の国民負担増を求めたところ、バブル崩壊から立ち上がりかけていた景気は再び下降に転じ、山一証券の破綻など、日本の経済に大きなショックを与えることになった。

予算編成に関していえば、一九九七年の経済見通しを受けて編成した一九九八年度の当初予算は、対前年度プラスの税収を見積もっていた。ところが、急に経済が降下し始めたために、企業収益が伸

図表1.6　県税収入の比較

	1998年度当初予算	1998年度決算額	1999年度当初予算
県税収入額	238,591,143千円	223,072,249千円	194,001,000千円
1998年度当初予算との差	—	▲15,518,894千円	▲44,590,143千円

出典：三重県資料をもとに筆者作成

びず、予算に組んだ税収は確保できなかった。一二月に百五十一億円の減額補正を組んだのを記憶している。一九九八年度予算が好調な景気を予想してプラスの予算だっただけに、一九九九年度予算への落差は大きいことが予想された（図表1．6参照）。三重県では、八月末に当初予算のフレームの検討をしていたが、何と、前年度比六〇％のシーリングをかけなければ予算が組めないという状況だった。一九九九年度予算編成は、このような未曾有の財政危機に対処することが求められていたのだ。

財政会議では、まず、予算要求基準が議論された。予算調整課としては、たいへんな財源不足が見込まれていたので、要求を絞りたいという気持が働いたが、一方、各事業部門の部長としては、いままでは必要な事業があっても要求もさせてもらえなかった、財政状況が厳しいことは理解するが、要求だけは「前広《まえびろ》に」させてもらいたい、という意見だった。結果、事実上青天井の要求基準になり、要求段階で、約七百億円の一般財源が不足していた。

要求後は、財源不足をどう解消するかという議論に移っていった。要求基準が決るときに総務局としては、財源不足になることは目に見えている、要求基準を緩めるのであれば要求に優先順位を付けてほしいと主張していた。

事務事業評価システムが導入されていたので、各部長としては反対できない条件だった。約束通り優先順位を付けてくださいとお願いし、優先度の低い順に並べられた表は、「劣後表」と呼ばれた。総務局長が、劣後表の何番目までを切って下さいとお願いし、事業部長がいやいやここまでにしてください、という攻防で、部局長調整が行われた。

知事査定の段階になっても、約百三十億円の財源不足があったが、知事も予算を付けるというよりは、削る方向で査定に臨み、最終的には歳入歳出をバランスすることができた。

このような初めてのやり方でつくられた予算は、三重県では戦後初めての対前年度マイナス予算となった。しかもマイナスの幅は二％と大きかったが、議会の反応はそれほど悪くなかった。各部局も、財政課に一方的に切られるよりは自ら判断した方が良かったと、この予算編成方式を支持し、「優先順位方式」は三年間続いた。

発生主義会計の導入

行政システム改革の中で全国的な注目を集めたものに、発生主義会計の導入がある（図表1．3の21）。二十一項目の一つにあげられたのは、当時の総務部長がニュージーランド改革を視察した際、公的サービスにも企業会計が導入されていると聞いて刺激を受けたことによる。ニュージーランドが企業会計を導入したのは、行政内部の部門と外部の事業者を入札によって競わせるためである。

行政システム改革では、
従来の官庁会計は、現金の流れだけに着目していますので、県行政がどれだけの黒字（または赤字）であるのかが的確に表現できません。このため官公庁が資産・財産等を把握し、民間企業のようなコスト意識を持つため、従来の会計方式にあわせて、発生主義会計（企業会計）によって
財務内容を公表していきます。
とされた。
総務部長は、発生主義会計による財務諸表の作成を関西学院大学の二人の教授に依頼した。官庁会計で作成された決算資料をもとに、一九九二年度から一九九六年度までの五年度間の、「三重県普通会計収支計算書」、「三重県普通会計貸借対照表」という企業で言えば損益計算書と貸借対照表にあたる二枚のシートが作成され、一九九八年三月、『平成10年度行政システム改革』の資料として公表された。以後、毎年度同じ方式で作成され、公表されることとなった。
ストックベースの財政状況を把握し、公表することができたことは一つの成果である。ストックも含めたコスト意識をもつことができたことも大きい。たとえば、いわゆるハコモノについては、建設コストと運営コストは別々に管理されてきたので、施設サービスの本当のコストは議論のベースにならなかった。たとえば、三重県の総合文化センターは、当時、年間六億円以上の運営コストがかかっていて県議会の行革特別委員会で問題とされていたが、建設費を含め仮に二十年程度のサービス期間

と考えれば、同センターのサービスのコストは年間三十億円近くになるはずだ。

発生主義会計での決算情報の公表は全国的な反響を呼び、特に会計学の専門家を中心に、公会計も発生主義に移行すべきだと強く主張された。たとえば、夕張市の不祥事は現金主義だから起きたといった主張がまかり通っているようだが、夕張市の場合は要するに粉飾決算であり、粉飾はどのような会計方式をとっても起こることは、米国でのエンロンの事件で明らかになっている。

現金主義会計で「大福帳」的、あるいは「どんぶり勘定」的な会計が行われているというのは、単なる思い込みにすぎない。地方自治体は、旧・自治省の後見的な監督を受けてきた経緯があり、予算管理から決算調製とその統計のやり方まで統制され、財務運営に問題があれば地方財務の専門家（つまりは自治省の担当指導官）には一目瞭然となるように設計されている。自治官僚が、知事や副知事に就任したり自治体の幹部職員に天下りしても、長らくその自治体で仕事をしてきた職員を使いこなして自治の専門家として仕事ができるのは、一つにはそのためである。夕張市の粉飾がばれなかったのは、会計方式が杜撰《ずさん》だからではなくて、チェックすべき者が詳しく調べなかっただけだとしか考えられない。

バランスシートが公表されれば、その地方自治体の地方債償還能力がわかるというのも、民間企業を類推した思い込みである。公共事業によって資産は増加するが、財源には国からの補助金が含まれている。負債の増加、つまり地方債の発行額は、資産増加を下回るので、会計規準にもよるが、負担能力以上に公共事業を行っても債務超過にはならない。また、公共事業で取得した資産、たとえば道路などは、負債の償還には充てるわけにはいかないのだから、償還能力とは無関係である。地方債の償還財源は、将来の税収である。

当時公表されていた決算情報は、ストックの情報が不十分であったうえに、決算情報をわかりやすく住民に公表するという姿勢が当局になかったため、一般の市民が自治体の財政事情を把握することは困難であったのは確かである。が、発生主義会計での表示は、企業の財務諸表を見慣れた市民にとってわかりやすいという意味しかない。住民の負担する税金によって賄っている財政がどのような事情になっているかをわかりやすく伝えるためには、さまざまな工夫をする必要がある。

既に、総務省において発生主義会計での表示方法が示され、予算や決算の情報を含めた財政事情を積極的に住民に知らせていこうという自治体が増えているなかで、発生主義会計の議論は役割を終えたものと理解される。

新しい総合計画「三重のくにづくり宣言」

話を少しさかのぼることになるが、一九九五年六月議会の「知事提案説明」のなかでは、「新しい時代にふさわしい新しいビジョン」の「策定のための準備作業にとりかかります」とも表明されている。これを受けて、八月から当時の「第三次長期総合計画」の点検作業に着手、九月議会で新しい総合計画の策定が表明され、一〇月から策定作業がスタートした。

北川知事は後に、「さわやか運動」、「行政システム改革」と、この新しい総合計画の策定を第一期目の改革「三点セット」と呼んだが、計画づくりが改革に位置づけられること自体が新しかった。当時の常識では、総務部門の行う行革と企画部門の行う計画づくりは別物で、総務が予算の削減側にまわれば、企画は事業担当部局を応援して事業拡大側に回るというふうに庁内での役割分担がされていた。庁内で優勢な財政当局の勢力を、企画部門によって抑制して均衡を図ろうしていたとも理解できる。企画部門の職員に、財政経験者が多く配置されていたのも、そのように考えれば理解できる。しかしながら北川知事は、新しい総合計画づくりに、それまでの常識とは全く違うものを求めていた。

新しい計画づくりのためには、策定過程から新しくなければならないと考えられた。最初の半年は、「県民一口提案」の募集、「県民一万人アンケート」の実施、「県民懇談会」の開催など白紙の段階で県民の意見を聞くことに注力された。翌一九九六年度には「三重県総合計画審議会」が設けられて、本格的に検討が始ったのだが、この審議は全面的に公開された。審議会の公開は今では当たり前だが、当時は異例のことで、傍聴者が何人来てもよいように随分広い会場を確保するというような苦労もあった。当時普及を始めたインターネットも活用され、審議の概要や案などはすべて県のホームページから閲覧できるようにし、メールで意見が出せるようにした。パブリック・コメントという言葉こそ知らなかったが、審議の各段階での案は、経過報告、第一次素案、第二次素案と、そのつど公開し、県民からの意見を募集した。このように策定過程を徹底的に公開し、参加を求めたのは当時まだ新しかった。

濃密な庁内議論を積み上げ、議会の意見を聞いたのは、当時の改革の進め方としては当然であった。このような策定過程を経て、一九九七年の一一月にできた「新しい総合計画『三重のくにづくり宣言』」は、もちろん内容的にも新しかった。従来行政の計画には、地域としての三重県が何をめざすべきかといったようなことは書かないのが普通で、地域のむかうべき方向については「時代の潮流」としてとらえていた。ところが、三重のくにづくり宣言では、時代は大きく変ろうとしている、三重の可能性が生かせる時代が来る、それをつかむためには変革が必要なのだ、と行政の分野を越えて県民への呼びかけから始っている。第一編では、これからの三重県の社会のあり方を見すえて、「開かれた三重を共につくる」という理念を提唱し、県民に一緒にやっていきましょうと呼びかけた。ということは、県民と行政の協働がその理念になっているということになる。

そして、一緒に変えていきましょうと言った以上、三重県庁も変らなければならない。第二編では行政が何をやるかを書いているのだが、この最初に、県政のあり方を「生活者起点の県政」に変えるのだと宣言した。県民の皆さんと力を合わせて「開かれた三重」をつくっていくのだ、そのためには、三重県庁の行政のあり方も大きく変えていく、つまり「生活者起点の県政」に変えるのだと宣言したのだから、当時としてはたいへん画期的な計画だった。

「生活者起点」というのは、「三重のくにづくり宣言」では、次のように説明している。

県の行政は、住民の生活を良くするためのものです。これまでは、ややもすると行政サービスを提供する行政側の都合で考えがちでした。これからは、行政サービスの受け手の立場に立って行政を進めます。そして、精神的な充実も含めた、真に豊かな生活を求めて努力する一人ひとりの住民を「生活者」としてとらえ、支援していくことを行政の主たる目的とする「生活者起点の県政」を推進していきます。

要は、
○県民を真に豊かな生活を求めて努力する「生活者」としてとらえる、
○行政サービスの受け手、すなわち生活者の立場に立って行政を進める、
ことが、県政運営の基本になった。

改革のベースになった総合計画

「生活者」というキーワードは、もともと北川知事が言い出した言葉であったが、すでに「さわやか運動大綱」の理念として「生活者起点の県政」が使われていた。ところが、「生活者重視」や「生活者優先」という用語も使われていて、県政の改革理念を表す統一した考え方と、それを表す統一した用語が必要だった。改革理念の議論の場は、新しい総合計画づくりに求められた。

このように県政運営のあり方を変える、つまり行革マターは、本来総務部門の仕事で、企画部門は口を出さないのが暗黙の了解だったのだが、このころには、北川知事のリーダーシップでそのような「庁内文化」は無視されるようになっていた。重要な事項はすべて部長全員が議論するという習慣が出来上がっていたので、総務の発案であろうが、企画の発案であろうが、知事にとってはどうでもよいことだったのだろう。そのようななかで総合計画が、行革の理念を統一することになったのだ。

生活者の意味については、部長レベルで構成される策定のための庁内会議で真剣な議論が行われ、それを受けて、「三重のくにづくり宣言」に取りまとめられた。総合計画は、さわやか運動、行政システム改革とともに、全庁あげての議論が行われて、三者に共通する理念として「生活者起点」が掲げられ、これが「三点セット」という認識につながった。さわやか運動、行政システム改革に通じる理念が総合計画に書いてあるわけだから、結果的に、総合計画が県政運営のバイブルだ、総合計画を基軸に県政は運営されるべきなのだ、という認識になっていった。これが、後に「政策推進システム」の考え方につながっていく。

ちなみに、さわやか運動と行政システム改革には、根強い庁内の抵抗・批判があったが、総合計画については、改革色が強いにもかかわらず、特に強い批判はなかった。

実行するための計画

もう一つ、当時として新しかったのは、計画に書いたことはすべて実行する前提で書かれた計画だということだ。当時の計画は一般に、「夢」を描くものととらえられ、すべてが実現できるものとは誰も思っていなかった。はじめの方に華やかな戦略プロジェクトが並んでいるのが普通だったが、「そのうち一つか二つできたらいいね」といった程度に受け止められていた。一方、施策編になると急に現実的になって、現に予算が付いているか、早晩着手する予定の事業だけが書かれているというような計画が多かった。宣伝用のパンフでは夢のプロジェクトがのったバラ色の未来像が掲げられたが、おおかたは「絵に描いた餅」だと理解し、「県民に夢を与えることは大事だね」、などと言われていたのだ。

「三重のくにづくり宣言」では、二〇一〇年までという計画期間に何をやらなければならないのかを明記して、それを着実に進めていくというスタイルをとった。夢がないといった批判もあったし、従来だったら「夢のプロジェクト」扱いの大規模事業なども施策を構成する事業の一つとして淡々と記述してあるだけなので、関係議員などには戸惑いもあったようだ。

計画に書いたことをすべて実行するということになると、「進行管理」が非常に重要になる。それまでの進行管理は、各部が計画にのせたことをどれだけ実施したか、その状況を問い合わせて取りまとめるだけの作業だったが、実行する計画では目標達成ができるようにマネジメントすることが必要になった。

すでに事務事業評価システムが導入されていたから、当然、それに基づいて進行管理をすることを前提に、その仕組みを設計することになった。すべての事業を網羅した政策体系という形で計画をつくり、それぞれに数値目標をおいた。数値目標の進捗状況は毎年公表すると計画に書き込んだ。計画に数値目標を書くのは当時の計画にもよく見られたし、三重県でも第三次長期総合計画には数値目標がおかれている。が、毎年進捗状況を県民に公表して、批判を受けるというのは新しかった。

筆者は実は、県民への公表は難しかろうと思っていた。県職員というのは、たしかに県民のために働くという気持はあるのだが、県民から批判を受けるような辛い立場に身を置きたくないという気持はそれより強い。目標のなかには、進捗状況が悪いものも当然出てくる。計画に公表するとまで書かなくてよいという「正論」が出てくることを予想していたのだが、部長たちからは何のクレームもなくすんなり通った。

北川知事は、いわゆる「計画の出来」にはそれほど関心があるようではなかった。「三重のくにづくり宣言」ができたのは一九九七年一一月一一日、その日に合わせて知事決裁をもらい、正式に計画として決定された。この日は、実は北川知事の誕生日で、スタッフは「誕生日のプレゼント」にしようとしてこの日を選んだのだが、北川知事はそれには全く気が付かず、私を含めたスタッフに、今までの計画とは違うのだな、ではどんなところが違うのか、としつこく聞いた。今までにない計画をつくるのだ、というのが北川知事からわれわれに与えられた使命だとスタッフは承知していたのだが、想像以上にそれが強い願いだったのだと実感した。

策定に携わった筆者としては、知事の期待にこたえられるだけの「新しさ」を盛り込めたと思っている。ところで、「新しい総合計画『三重のくにづくり宣言』」という名称だが、「新しい総合計画」が名称の一部をなしている。これは、時期が新しいという意味ではない。そのような意味の「新しい」は早晩「古い」になる。それまでの総合計画とは違うという意味を込めたネーミングで、策定責任者の清水企画振興部長の発案だった。

北川県政第一期の改革の特徴——NPMの強い影響

北川県政第一期の四年間の改革は、さわやか運動、行政システム改革、新しい総合計画という三点セットで進められ、そのすべてが生活者起点という共通の理念を持って進められた。

その一番の特徴は、ニュー・パブリック・マネジメント（NPM）の影響を受けたことだ。NPMとは、一九八〇年代、九〇年代に先進工業国の間で有力であった行政経営改革モデルであるが、「一九八〇年代の半ば以降、英国・ニュージーランドなどのアングロサクソン系諸国を中心に行政実務の現場を通じて形成された」もので、「民間企業における経営理念・手法、さらには成功事例などを可能な限り行政現場に導入することを通じて行政部門の効率化・活性化を図る」ものである（大住莊四郎『ニュー・パブリック・マネジメント』）。

さわやか運動のスタートで、幹部職員や各課に配られたオズボーンとゲブラーの『行政革命』という本は、アメリカ版ＮＰＭの教科書だと言われている。さわやか運動とその一環となる事務事業評価システムが、ＮＰＭの影響下にあったことは確かだろう。

行政システム改革では、ニュージーランドとか、英国、カナダとかを調査している。いわばＮＰＭの本家と元祖を調査して取り組んだということになる。職員として行政システム改革を主導した総務部長は、それらの調査を通してＮＰＭに強い感銘を受けて改革を決意したのだった。彼自身、自ら手がけた「三重県の行政システム改革は、行政学の視点に立てば、…ニュー・パブリック・マネジメントの基本的な考え方を我が国の行政に最初に導入したものといえるであろう」と語っている（村尾信尚・森脇俊雅『動きだした地方自治体改革』）。

新しい総合計画「三重のくにづくり宣言」には、お手本はなく、三重県独自で考えた。作業を担当した筆者も、ニュージーランド調査団に同行はしたが、ＮＰＭ的な総合計画をつくろうと考えたことは一度もなかった。したがって新しい総合計画が直接ＮＰＭの影響を受けたわけではない。しかし、改革三点セットは、同時並行的に全庁的な議論をしたので、相互に強く影響しあっている。いま振り返ってみると、「経営改革」的な色彩の強い計画で、「生活者起点」という理念も、ＮＰＭの顧客主義の影響を受けているように思う。

ただし、三点セットの改革を進めるにあたっては、何か外国のものを導入したというようなことはなく、三重県の事情に合わせて独自性をもった議論が積み重ねられた。ＮＰＭをどう理解するかにもよるが、第一期改革を「ＮＰＭ改革」であると言い切ることに、筆者にはためらいがある。ＮＰＭの強い影響を受けた三重県独自の改革と考えるべきであろう。

まとまった著作としてＮＰＭが日本に紹介されたのは、先に引用した大住『ニュー・パブリック・マネジメント』がおそらく最初であり、その出版は一九九九年一二月である。日本でほとんど知られていない段階で、ＮＰＭに影響されて行政改革を行ったことが、三重県の改革をそれまでの行革から一線を画すものとしているといってよいだろう。

第二章　北川県政第二期の改革

——二大戦略で進められた管理から経営への転換——

思い切った改革か、職員への定着か

一九九九年四月から、北川県政の二期目がスタートした。

北川としては、一期目に三点セットで進めた改革は成功だったと考えていただろう。したがって、二期目のスタートにあたっては、一期目の成功を踏み台に、さらにインパクトのある改革をやろうという意気込みであったと思われる。

一方、行政システム改革の推進役を務めていた総務局では、むしろ一種の危機感をもっていたようだ。というのは、行政システム改革についての職員の反応があまり芳《かんば》しくなかったのだ。職員アンケートとか職員説明会の反応からは、職員の意識改革は一定前進したとみられる一方で、改革と職場の実態との間に隔たりがあるとか、改革の取組に職場の意見が反映されてないとかいう意見がでていて、さらには、行政システム改革は総務局の職員の仕事だといった発言もあったという。改革がトッ

プダウンと受け止められていたということで、これ以上急進的な改革を進めても空中分解してしまうおそれがあると考えていた。

二期目にも思い切った改革をやりたいと知事から相談された総務局の職員は、行政システム改革全体が六年の計画でその前半三年の集中期間のうちのようやく一年が終わったところだ、だから、行政システム改革をきちんと定着させる方が先決だと主張した。総務局が提案したのは、現場主導、職員主導で行政システム改革を定着させる運動としての「行政システム改革のバージョンアップ」であった。何度かやりとりがあったようだが、北川知事もこの総務局の提案で行くことに心を決めた。

職員自身による自発的・創造的な改革が呼びかけられ、職員提案によって「みんなで、みずから、みなおす、三重づくり」というスローガンが掲げられた。それを縮めて「率先実行」というキーワードもつくられた。

具体的な進め方としては、改革は各職場で取り組み、それに対して総務局が一定の支援をするというやり方になった。それまでの行政システム改革は総務部主導で改革案をつくり、それを各職場にやらせたのだから、総務と現場の関係は逆になったわけだ。総務局は、いくつかの改革手法を用意し、それに取り組むための予算を用意したが、実際にそれに取り組むのは、現場の自発的な主体性だということになった。職場が率先して取り組む、競って取り組むことを期待した手法だ。

たとえば、総務局は「ベンチマーキング」という手法を紹介した。職員説明会を開き、サウスウエスト航空が自動車のF1レースの給油を調べて給油時間を短縮、機材の運用効率を上げた事例などをあげながら、先進的取組を調べるのだけれど今までの視察とは違いますよ、ベスト・プラクティス（最優秀実績）を見て自分の取組はどんなところが弱みなのか発見して改善するんですよ、やってみませんかと、取組を呼びかけていった。新規事業の予算要求が却下されて現状に問題を感じていた健康づくりのチームは、半信半疑だったがこのベンチマーキングに取り組んでみた。国の政策を実施しているんだからどこも大体同じだろうと高を括って先進県を調査したところ、独自の工夫があることを発見し、数値の良さは取組の良さの現れだと気が付いた。そこで三重県なりのやり方を考え、計画と目標を共有しながら市町村と一緒に取り組み、ともに進捗を確認しながら進めるという健康づくり施策を始めた。

このように各部局では、問題意識をもった職員を中心にさまざまな自主的な取組が展開されることになった。その一部は、当時の改革を担当していた総務局政策評価推進課によって、『いつでも、そして思いついたところから』という本にまとめられている。

経営品質との出会い

バージョンアップの中で、三重県は「経営品質」という考え方に出会うことになった。

米国では一九八〇年代の日本式経営の追い上げに危機感を抱き、優れた経営に共通する点を抽出してそれを実践している企業を表彰する制度を創設した。商務長官の名前をとって「マルコム・ボルドリッジ賞」という。今度はその取組を日本にも取り入れようということになり、（社）社会経済生産性本部によって「日本経営品質賞」が創設された。賞の評価基準として経営革新の基本的な考え方が明らかにされており、個々の企業は、それに照らして自身の組織を評価することによって経営の改善点が把握できる。経営品質賞に輝くベスト・プラクティスの企業と比べてどこが足りないのかを念頭におきながら、不断の改善に取り組むといった枠組みである。

本場のアメリカでは、営利企業だけではなく、非営利組織もふくめて経営全般に広がっている。日本でも行政の経営に活用しようということで、岩手県や三鷹市といった先進自治体で「行政経営品質」という考え方の試行が当時始っていた。三重県もすでに、日本経営品質賞の診断基準を活用した経営革新の手法について説明を受けていた。

北川県政二期目の改革が「行政システム改革のバージョンアップ」として進められることが決ると、その一環として行政経営品質向上活動に取り組むことが決められた。早速一九九九年に外部評価を受けて、「Bプラス（行政幹部が強いリーダーシップで行政経営品質をリードし、職員はその重要性を認識、多くの領域で行政経営品質改善の取組が展開され良好な結果がみられる。）」の評価を受けた。その中で指摘された改善点をもとに、各部局で経営品質向上に取り組み、二〇〇〇年には部局相互のアセスメントが実施された。

後ほど述べるように、経営品質向上活動は二期目の改革の「二大戦略」の一つと位置づけられ、取組はさらに強化されていった。管理職たるものは経営品質を理解しているべきだということで、全員が外部機関のアセッサー研修の入門コースに派遣され、企業から派遣された方々と机を囲んで議論したりした。内部アセッサーを百人養成するという目標が掲げられたが、二〇〇七年四月現在でその約二倍にあたる百九十人余りの県職員がアセッサーの資格を認定されている。バージョンアップの手法として導入されたオフサイトミーティング（職場を離れてリラックスした雰囲気をつくって真剣な議論をする）やＩＳＯ九〇〇〇といった取組は、経営品質向上活動のなかに位置づけられた。

事務事業評価システムから政策推進システムへ

外部には受けの良かった事務事業評価システムであるが、職員の間での評価は芳《かんば》しくなかった。一九九八年から二〇〇〇年にわたって三重県職員労働組合によって「行政システム改革に関する職員アンケート」が行われた。事務事業評価システムが職員に受けいれられなかったことは、その結果からも窺える。三回のアンケートで、事務事業評価システムについて「評価する」または「どちらかといえば評価する」という意見が、二六・六％→二五・三％→三七・〇％と推移したのに対して、「評価しない」または「あまり評価しない」という意見は、三六・三％→四一・八％→四一・六％と、常に否定的な意見が肯定的な意見を上回っている（図表5．1参照）。

受けいれられなかった理由はよくわかっていない。知事と行革本部によるトップダウンだという反発、あるいは民間と同じような「能率」で評価されるのではないかという反発など、感情的・感覚的に受けいれがたいという面もあったのではないかと推測されるが、予算編成に反映していないことが反発に有力な根拠を与えていた。

一九九六年の事務事業評価システム導入時には、評価表は、予算査定の資料にするという触れ込みで予算見積書に添付された。導入検討の当初は、評価結果から機械的に優先順位付けができるといったイメージで予算配分に反映させることを想定していたようだが、実際には予算査定に使われていなかった。職員の間には、評価結果が予算査定に生かされていないという批判が根強くあったため、担当者には、「評価表と予算との連携を強化しないと誰も評価表に見向きもしなくなる」という危機感があった（『八年の軌跡』）。

このように職員に受けいれられないことと、十分に機能していないこととは、第一期改革で導入された事務事業評価システムに対する大きな「改善圧力」として働いていた。評価システムになじめない職員が予算に反映していないことを批判するというように、この二つが相互に関連しながら圧力として働き、「簡素化」と「予算との連携」を図るという方向で、毎年度のように「改善」が図られていった。

しかし改善の効果ははかばかしくなく、アメリカの評価システムを調査したりした結果、事務事業評価システムをそのまま予算に連動させることには無理があるとようやく気が付いた。結局、二〇〇〇年度からは、「評価システムをベースとした県政全体システムの改革」をめざすことに方針が転換され、組織管理なども含めた統合型のシステムの構築に取り組まれることになった。二〇〇〇年二月の県議会本会議では、知事から、「総合計画の進行管理や予算編成、組織・人事管理などともリンクした、より完成度の高いシステムづくりをめざして、事務事業評価システムのバージョンアップに取り組んでいきます」とその決意が述べられた。

「三重のくにづくり宣言」の第二次実施計画の策定時期にあたっていたので、それにあわせて総合計画の数値目標の見直しを行い、その進捗を評価して予算に反映するシステムをつくるというのが、検討開始にあたっての基本的なイメージであった。

その検討は、総合計画担当の企画課、事務事業評価システムと組織を担当する政策評価推進課が中心になって、予算調整課、人事課なども参画しながら進められることになり、総務局の職員と総合企画局の職員から成る「政策システム策定グループ」が設けられた。部局を越えてプロジェクト・チームをつくって一つのシステムを検討するというのは極めて異例で、総務局の職員は総合企画局兼務、総合企画局の職員は総務局兼務をかけるなどの工夫がこらされたが、「双頭の組織」が「決裁」を取り付けることは、システムの起案以上に難しかったようだ。〈総合計画〜評価〜予算〉を統合したシステムの開発を命じられたのだから、起案するシステムには、総合企画局が担当する計画づくりの面と総務局が担当する評価と予算とが密接に関連している。チームの案を上司に説明すると、一方では「計画のことは了解したが他は知らない」と言われ、他方ではその逆を言われたようだ。担当者たちは、システムの開発・設計面ではほとんど不安を感じなかったが、庁内コンセンサスの形成の面では困難を感じていた。

一年目の検討結果は、二〇〇一年三月に議会の常任委員会で説明された。総合企画局長、総務局長がそれぞれの担当部分について説明したが、傍聴していた筆者は、肝心のシステムの全体像については十分な説明がされないのに驚いた。翌年は、筆者自身が政策推進システムを担当することになり議会に説明する立場になったが、議員からは、「初めて聞いた」、「そんなことは聞いていない」と反発をうけることとなった。

二年目の二〇〇一年度には、システム全体は総合企画局長の責任だと明確にされるとともに、システムの枠組みについては、企画課長、政策評価推進課長、予算調整課長、人事課長から成る関係四課長会議が調整し、実質的な決定をするという体制が出来てから、庁内議論は進み、予定どおり二〇〇二年度導入のメドがついた。

エクセレント・ガバメントをめざす二大戦略

政策推進システムの構築に取り組んでいた二〇〇一年当時、行政改革、総合計画など重要な検討事項についてはそれぞれで部長レベルの検討会議が設けられ、さらに予算編成システムの改革によって財政会議が設置されていた。これらは相互に関連しているがそれぞれの事務担当課が違い、いくつも会議があることは煩雑で非効率であった。部長レベルで県政の重要戦略を議論する場が、「県政戦略会議」として、四月から一元化された。

その第一回会議が四月四日、現在の津市河芸町にある岐阜マリンスポーツセンターで泊込みで開催された。日本経営品質賞の理論面を支える岡本正耿と、二〇〇〇年度日本経営品質賞を受賞した日本IBMゼネラル・ビジネス事業部の番匠哲次の講演を受けた後、三役と部局長だけの会議に入った。その席上で北川知事の口から、行政経営品質向上活動と政策推進システムを「県政二大戦略」として取り組むとの発表があった。

経営品質向上活動とは、優れた仕組みを構築し、それを実行し、結果を出す、結果が出なければその理由を見出して改善をするという一連のサイクルとして理解できる。二大戦略は、政策推進システムが、経営品質を向上させるための重要な仕組みとして位置づけられたことを意味している。逆に見れば、政策推進システムを実効あるものにするための取組が行政経営品質向上活動だということになる。

この会議では、二大戦略によってめざすものは「エクセレント・ガバメント」であることも宣言された。エクセレント・ガバメントとは、民間企業でいえばエクセレント・カンパニーにあたる卓越した自治体のことであり、北川知事の三つの改革に即していえば、「三重の改革」を可能にするような県政をめざすということであろう（図表1．1参照）。各部局長に対しては、真の生活者起点の行政を達成するためには三重県庁がエクセレント・ガバメントになる必要があり、そのため各部局長はリーダーシップを発揮して行政経営品質に積極的に取り組み、その成果としてAレベル（経営品質改善、組織改革への取組が多くの領域で展開され、その結果として多くの領域で良好な結果が見られるレベル）をめざすようにとの指示がなされた。

改革パッケージとしての政策推進システム

「政策推進システム」は、二〇〇二年度から導入された。これは、システムの改革という意味では、次の五点の改革パッケージであった。

○総合計画と評価システムに共通する政策・事業体系と目標を明示
○（施策～基本事業～事務事業）の三層で評価する「みえ政策評価システム」の導入
○評価システムと連携した予算編成システム
○責任と権限を明確にしたマネジメント型の組織（マネージャー制）の導入
○評価結果の公表と県民意見の反映のための「三重のくにづくり白書」の発行

まず、「三重のくにづくり宣言」の第二次実施計画の策定にあたって、評価の対象ともなる（政策

〜施策〜基本事業）という「政策・事業体系」を構築し、各レベルの目標となる指標が設定された。次に、事務事業評価システムを発展させ、この政策・事業体系にそって三層の評価を行う「みえ政策評価システム」が構築された。

第三に、評価の結果を次年度の資源配分に反映させることができるよう、財源を各部局に包括配分する新しい予算編成方式が導入された。

第四に、総合計画を実行する責任者、実行結果を評価する責任者、それを県民に説明する責任者を一致させるとともに、誰が責任者か組織の内外に明確になるようなマネジメント型の組織として「マネージャー制」が導入された。課長は廃止されてマネージャーがおかれ、次長級の職員は、総括マネージャーとされた。

そして、評価結果つまり総合計画の実施状況が「三重のくにづくり白書」として公表され、県民に県政を説明し、意見を聞くための基本的な資料とされた。

これらの改革の中身を順次みていこう。

総合計画の改訂――政策体系と評価体系の整合

「三重のくにづくり宣言」では、実施計画も含めて（政策展開の基本方向（5）〜政策（20）〜施策（67）〜事業（358））という体系で記述され、計画本体に施策レベルの目標二百八十三、実施計画に「事業」レベル（事業群であって実際に実施される事務事業の上位に当たる）の目標五百九十七、あわせて八百八十の数値目標をおいて、毎年その進捗状況を公表していた。しかしこの当時の数値目標は、あくまで計画上の目標であり、その進捗管理のために測定されていただけで、評価のための指標ではなかった。事務事業評価システムでは、別に「成果指標」が設定され、それを測定していたのだった。

事務事業評価システムは、数次にわたって改善が図られたが、一九九八年度からは、事務事業を共通の目的で束ねたものを「基本事務事業」と呼び、評価対象とされていた。基本事務事業は、総合計画の第一次実施計画に記載されている「事業」と本来一致すべきものであり、このことは事務事業評価システムの担当者と総合計画の担当者の協議で確認されていた。ところが、作業レベルになると、基本事務事業は目的のうえで共通する事務事業を束ねるという作業によってつくり出されたために、事業を見る目で設定された。総合計画の事業は、総合計画のめざす目的から分解していって得られたもので、両者の間には「ズレ」が生じていた。これは、ボトムアップ的なとらえ方とトップダウン的なとらえ方とのズレであるが、県民目線の事業の見方と職員目線の事業の見方のズレでもあった。このような「ズレ」が生じるのは、不思議に思われるかもしれないが、役所では、企画部門と総務部門それぞれがシステム開発を行い、それぞれの都合でシステム設計するのでこのようなことが生じがちなのだ。

総合計画の進捗管理は八百八十の数値目標で行われ、事務事業評価システムでは成果指標で評価されていたが、相互に関連づけられていないということでもあった。

そこで第二次実施計画の策定にあわせて、総合計画と評価システムと共通の〔政策展開の基本方向～政策～施策～基本事業（245）～事務事業〕という政策・事業体系に整理された。また、総合計画で設定した数値目標をそのまま評価の指標として使うこととした。総合計画の本体も改訂して、施策レベルの目標を見直し、評価システムで評価することを前提とした一施策＝一目標を設定した。目標は県民にとっての施策の成果を表すことのできるものとされ、「上位アウトカム指標」とされた。また、第二次実施計画では、評価システムと共通の「基本事業」を設定し、一基本事業＝一目標を設定した。こちらは、「下位アウトカム指標」または「上位アウトプット指標」とされた（アウトカム、アウトプットの意味については第七章中、行政評価についての基本的な理解参照）。

みえ政策評価システム――三層の評価の導入

政策推進システムの導入にあたって、評価システムも設計し直された。事務事業評価システムからは大幅な改善が図られ、名称も「みえ政策評価システム」と改められた。

事務事業評価システムは、当時事務事業と基本事務事業の二層の評価になっていたところに、さらにその上層の「施策」を評価の対象に加えて「三層の評価」とされた。当時は評価について職員の間に抵抗感があって、少しでも簡素化を図るべきという雰囲気が強かった。それにもかかわらず「施策」の評価が取り入れられたのは、次のような事情を改善しようとしたからである。

事務事業評価システムは、「さわやか運動」の一環であったこともあり、県民の立場から仕事を見直す「意識改革」のツールという位置づけであったが、評価対象が事業であるために、県民の視点から見るというより、あいかわらず仕事をする立場から見ていたのが評価の実態だった。また、事務事業評価システムは、事業レベルの評価に止まっていたため、政策的な判断の資料としては不十分だという弱点があった。資源配分と評価を連携させるというねらいがあったために、選択の判断の材料としてより高いレベルからの評価情報が必要になったという事情もあった。

施策レベルの評価は、県民とのコミュニケーション・ツールとして位置づけられ、総合計画の六十七施策について、総合計画の改訂で新たに設定された「県民にとっての成果を表す指標」にもとづいて評価された。評価の仕方としては、評価の前提となるデータとして、まず、総合計画の数値目標によって施策の目的の達成状況を把握し、さらに、施策の推進手段となる基本事業の数値目標の達成度を把握した。次に、施策の実施に要したコストを、事業費と人件費の合計として把握した。地方自治体の予算で人件費は、事業ごとに計上されず、予算目ごとに一括計上されている。そこで、所属の人員の勤務時間を事業ごとに割り振って所要時間を調査し、時間当りの平均人件費を掛けて求めた。平均人件費は、社会保険料の事業主負担や福利厚生費に、発生主義会計を活用して算出した退職金引当金も加えて、時間当り単価を毎年度算出することとされた。二〇〇一年度の単価は、一人一時間当り四千二百十円であった。

以上のデータをもとに、前年度について、どのような取組をし、どのような成果を出したのか、残った課題は何かをコメントする。数値目標の達成状況が評価ではなく、それをふまえた施策の推進責任者（総括マネージャー）のコメントこそが施策評価とされた。さらに、その評価を踏まえて、当年度はどのような施策展開をするのかについてもコメントされた。

評価表はこのように設計されていたが、これは、そのまま「三重のくにづくり白書」に掲載され、外部に公表された。評価者の職・氏名も掲載され、誰が責任をもっているのかも明らかにされた。

基本事業評価は、課長級管理職員であるマネージャーのマネジメントの手段として位置づけられ、基本事業の数値目標の達成度とコストのほか他府県との比較などの参考指標の動向などをふまえて、事業成果を的確に把握しようとした。基本事業評価の本体も、取組とその成果および課題のコメントであり、それをふまえて、構成する事務事業ごとへの注力と改革案を記載することになっていた。施策、基本事業いずれの評価表も、担当管理者のいわゆる「チェック＆アクション」を記載するように設計されていた。

事務事業評価は、事業担当者が評価し、成果志向の観点から事業を改革していくことに活用される。評価表は、「新規事務事業目的評価表」と「継続事務事業目的評価表」の二つの様式が用意された。新規事業評価は予算の議論に活用できるように様式が工夫され、継続事業評価は簡素化されて一種のチェックシートのように記入しやすいものになった。

三層の評価は、下位の評価が上位の評価のデータになるように設計されていた。パソコン上で処理するとサーバーに蓄積されてそれぞれが連動するように、データベースソフトも開発された。

包括配分方式の予算編成システム

行政システム改革で「優先順位方式」に改革された予算編成は、政策推進システムでは、二〇〇二年度当初予算から、より部局の優先度判断を尊重する「包括配分方式」に移行した。

優先順位方式以来、予算のフレームは財政会議あらため戦略会議が決める。財政当局は、来年度の政策展開につかえる財源がどの程度確保できるのか見通しを説明し、何回かの会議を経て財源見通しの了承が得られた段階で、人件費や光熱水費、大規模プロジェクトなどを除いた政策展開に必要な財源を予め各部局に配分する。各部局は、施策評価などにもとづいて優先度判断を行い予算要求するというシステムである。

執行の結果については、「三重のくにづくり白書」で、議会、県民に説明されるが、評価結果を公表する前に全庁的な視点でチェックするために、「前年度事業の成果の確認と検証」という仕組みが導入された。これは、総合企画局と総務局が合同で、年度末から新年度にかけて作成された実績評価表をもとに、各部局の主担当総括マネージャー、マネージャーおよび担当者との間で議論し、適切に自己評価がなされているか、配分された財源が有効に活用されているか、適切に説明責任が果たされているかをチェックし、当年度の取組方向を確認しあうものであった。評価の客観性を担保するための仕組みであったが、財政当局にとっては、各部局に委ねた財源が適正に使われたかどうかについて、県民に対する説明責任を果たすためのプロセスでもあった。

北川（『生活者起点の「行政革命」』）は、「二〇〇二年度からは政策推進システムと連携した『包括配分方式』を導入し、従来の『予算重視・計画主義』から『決算重視・成果主義』に大きく予算編成のあり方を変えていった」と述べている。従来の仕組みは、予算編成過程で財政課が厳しくチェックするが、執行段階は各部局に任されていた。新しいシステムは、予算編成過程では部局の判断を重視するが、執行後の成果については部局の責任を問おうというもので、予算重視から決算重視への改革といえる。

マネージャー制の導入——課長も係長もいない組織

政策推進システムの導入とあわせて、組織も見直されてマネージャー制が導入された。「課」は廃止されて、複数のグループから成る「チーム」とされた。課長も廃止されて、チームのトップは「マネージャー」とされた。いくつかのチームを束ねる管理職として、次長級の「総括マネージャー」がおかれた。総括マネージャーの担当範囲を「分野」と呼んだ。こうして三重県庁は課長も係長もいない組織になり、本庁で「長」の付くのは、数人の部局長のみとなった。

部局長は「知事のトップマネジメントのスタッフとしての役割」を果たすものとされ、あわせてそれを踏まえた「大局的な視点から部局のマネジメントを行う部局の総括責任者」とされた。また、総括マネージャーは「施策や特定分野の総括責任者」、マネージャーは「基本事業や特定課題の総括責任者」であり「業務遂行上の実務責任者」、チーム員は「事務事業の担当者」として位置づけられた（片山達也「三重県の組織改革と目指す組織運営の姿」）。

補佐級のマネージャーや課長級の総括マネージャーも可能とされたが、一方で、グループ制の導入によって課長級のグループリーダーもいた。ラインの構成が処遇と切り離され、職務と職位の関係は柔軟にされて、適材適所、若手登用がより可能になったといえる。

総合計画との関係では、総括マネージャーは施策の、マネージャーは基本事業の推進責任者とされ、みえ政策評価システムとの関係では、各レベルの評価責任者とされた。組織全体の目標が総合計画の推進とされ、各管理職員は、総合計画の推進を分担してマネジメントする役割であることが明確になった。つまり、総合計画の政策体系、評価の階層と職の階層とを一致させた。計画は、目的と手段の体系である「政策・事業体系」によって表現されている。評価は、その体系にもとづいて行われる。各職位を政策・事業体系とを一致させ、計画推進の責任者でもあり評価の責任者であるとしたことは、組織を目的と手段の体系に組み込んだことを意味している（図表2．1参照）。

しかし、このためには、ある工夫が必要だった。通常役所の組織は事業単位に組まれていて、一つの目的で整理された施策を構成する事業は、複数の部局にまたがっていることが普通だ。たとえば、エネルギー政策は総合企画局の担当であったが、それを構成する事業のなかには、水力発電とか、ごみの固形化燃料の発電事業があって、これは企業庁が担当していた。施策単位で責任体制をつくるためには、他部局の実施する事業も包含して、一定の責任体制をつくる必要があった。そこで事業実施責任とは別に、施策の推進責任と評価責任を果たすための「主担部制」とよばれる制度がつくられた。事業は、施策の推進のための手段であるのだから、事業担当部局には主担当部局に報告、説明することを義務付け、それをもとに主担当部局が評価し、施策の推進方針を定め、議会や県民に説明することにしたのだ。

「主担当部局」とは、総合計画の施策及び基本事業の目標達成に総括的な責任を負う部局である。それに対して、施策又は基本事業を構成する事務事業を所管する部局は、当該施策及び基本事業の「事業担当部局」とされた。主担当部局の

図表2.1　政策・事業体系と組織の階層の関係

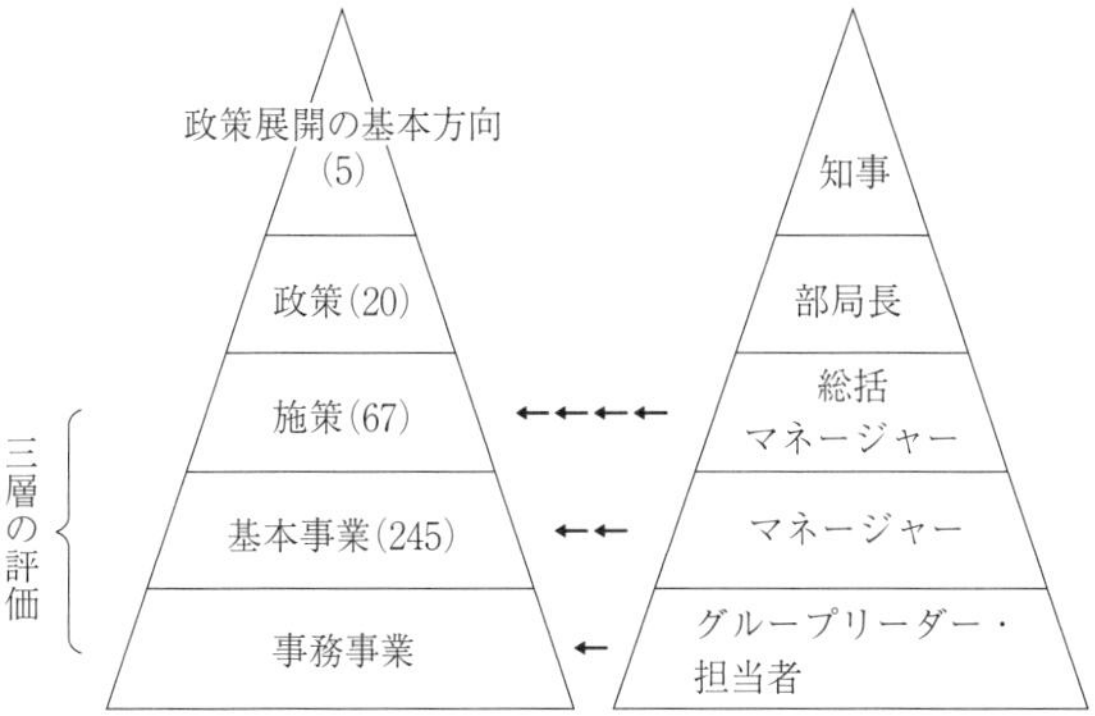

出典：三重県資料をもとに筆者作成

総括マネージャー及びマネージャーは、それぞれ所管する施策及び基本事業について、事業担当部局の所管する事業も含めて評価する権限を有し、目的評価表を作成し、県民に対して説明する責任を負うものとされた。また、評価にあたっては事業担当部局と調整を図るとともに、施策、基本事業の目標達成のために、経営資源の配分、事業の実施その他についても相互に協力、調整するものとされた。事業担当部局は、主担当部局の評価を尊重して事業を実施する責任を負い、総合計画の目標達成のために主担当部局の調整に協力するものとされた。

当時の組織改革担当者（片山前掲）によると、二〇〇二年度の組織改革は、「三重県の組織運営を従来の『管理』型のシステムから、『経営』型のシステムに転換すること」が目的であった。「経営」とは「マネジメント」のことで、管理職にマネジメントをさせようという意図を明確にするために、「マネージャー」という職名が採用された。計画から実行・評価までをマネジメントととらえ、その責任体制を明確にしようとする組織改革であったと理解される。また、「部局の編成、グループ制は変えておらず」（同）、一九九八年の組織機構改革をベースにさらなる組織改革が行われたのであった。

政策推進システムで導入した三層の評価システムにあわせて、組織を三層に構築したうえで、「明確な目的達成型（成果指向型）組織として機能するよう職制、権限を抜本的に見直した」（片山前掲）。これとあわせて、予算編成方式を「包括配分方式」に変える、執務スペースをワンフロア化するなど、主体的なマネジメントのための条件整備が図られた（同）。このような改革が行われたのは、これまでの県庁の仕組みが、「あらかじめ定められた事務を執行していくのに、効率的なシステム」であったが、「県が求められる役割は、地域の実情を踏まえた独自の政策立案」に大きく変化していることに対応して、「縦割りによる対応の硬直化、非効率を克服」するためであった（同）。

計画の推進は総括マネージャーに委ねて、部長は全庁的な視野に立った「経営陣」を構成することが期待されており、「戦略会議」は「経営会議」として機能することが期待されていた。しかし現実には、部長は「部のトップ」、「部の代表」としての役割が大きく、県全体の戦略に共同責任をもって部をリードしていくという機能を果たしているかについては、課題が残っているようだ。

管理職がマネジメントしなければならない事項は多岐にわたる。その多くは、庁内で共通のシステムができていて、その主管部署があり、その部署の指示に従ってマネジメントされるようになっている。役所は典型的な官僚制になっていて、文書主義が徹底している。主管部署としては、いったん通知が発されたら、各部署は、その通知にもとづいてマネジメントされているはずだ、という建前に立つことになる。それぞれの管理職にしてみれば、任命されたとたんに、自らがマネジメントしなければならない事項の全貌と、それぞれに定められたルールを知ることができるはずがない。実際には、的確にマネジメントされるようにはなっていない。そこで、政策推進システムの導入にあわせて、マネジメント体制を整備することにした。総括マネージャー、マネージャーがマネジメントしなければならない事項を洗い出し、マネジメント・マニュアル集が整備された。政策推進システムについても、二二一ページに及ぶ詳細な『政策推進システムの運営マニュアル』が用意された。

三重のくにづくり白書の発行

評価の目的は、煎じ詰めれば生産性の向上と説明責任の確保の二つになるといわれる（古川俊一・北大路信郷『新版・公共部門評価の理論と実際』）。説明責任を果たすためには、どのような施策が行われ、どのような効果があったかを県民に示す必要があり、そのためには効果を測定して評価結果を公表しなければならない。

事務事業評価システムでは、導入の翌年、一九九七年度から評価表を公表していた。しかし、自己改革のツールとして設計されていたものをそのまま公表しても、説明責任を果たすという意味では不十分であった。政策推進システムでは、これが大きく改善されることになった。

「みえ政策評価システム」において施策の評価は、県民の「みなさんとのコミュニケーションの手段として位置づけ」られ、県民への説明責任を果たすことを主目的とすることとされた。総合計画で設定された施策の目標も「県民にとっての成果を表す指標」として位置づけられ、「施策や事業以外の要因も含め、社会的に及ぼされた影響によって、社会経済がどのような状態になっているのかを示す」「上位アウトカム指標」が選定された。

施策の評価を県民に伝えるための具体的手段としては、「三重のくにづくり白書」が発行されることになった。白書は、施策評価表をそのまま転載するように考えられている。一施策が二ページ見開きになっていて、左のページには、施策の数値目標（＝成果指標）の達成状況や、コストなどのデータが載せられ、右のページが担当総括マネージャーの評価コメントになっていて、

①取組と成果および成果の要因、

②残った課題とその要因、

③評価をふまえての施策の展開方向

が記述されている。

これによって、県が自らの仕事の成果や方針を県民の立場にたって説明し、県政の状況をよりよく理解してもらおうとした。またそれだけにとどまらず、県民が積極的に県政に参画することを可能にする情報提供であるとも考えられていた。意見を提出できるように、白書の巻末に料金受取人払いの葉書が折り込まれていた。

県民に対する積極的な広聴広報をねらった「三重のくにづくり白書」であったが、県民一般からの反応はほとんどなかったといってよい。白書で施策評価を公表すれば、関心のある施策については、基本事業評価や事務事業評価あるいは予算・決算情報などを検索して、より詳しい情報を入手することが可能になるはずであったが、三重県政に関心の深いはずのＮＰＯや各種団体からも、そのような動きは感じられなかった。

では、白書の発行が無意味だったかというとそうではなくて、県議会が県政に意見を述べるための格好の材料になった。導入に先立って政策推進システムについて議会に説明したところ、議会からは、執行部が県民から直接意見を吸い上げる仕組みなのではないか、という疑問と反発が強く出された。県民の意見を県政に反映するチャネルは専ら県議会議員であるべきだという意見であったが、その当否はともかく、県議会の頭越しに県民に県政の情報を提供したり県民の意見を聞いたりするつもりは全くなかったので、県民に公表するということはもちろん県民の代表である議会に説明するということです、と応答した。

県議会では、政策推進システムとどのように関わるかということについて検討され、議会の意向がまとめられた。それに従って、六月議会に案の段階の白書を提出して調査を受け、議会はその調査をもとに、翌年度の予算議論に先立って政策意見をまとめて知事に提出するということになった。議会の意見が反映されたかどうかについては、予算編成の段階でチェックされることになり、執行機関側は、予算要求段階から予算編成状況を公表、説明することになった。つまり、政策推進システムのサイクルと、議会のチェックと政策表明のサイクルがかみ合ったかたちで運営されることになった（図表7．3参照）。北川県政のスタート以来、三重県議会では政策論議が活発になっていたが、これに油を注ぐ効果があったということで、白書は議会における政策議論の材料として重要な位置を占めることになった。

図表2.2　政策推進システムの簡略化イメージ

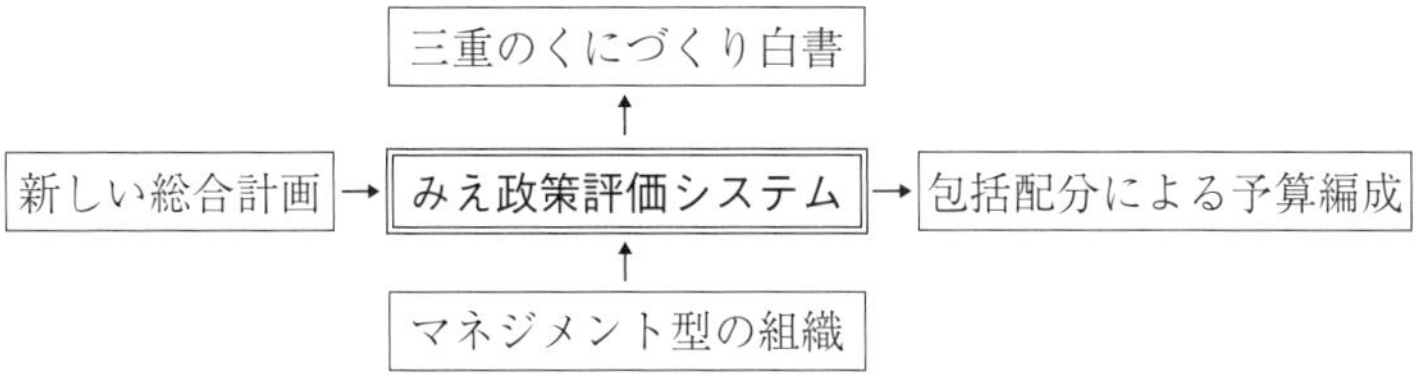

出典：三重県資料のイメージ図をもとに筆者作成

統合型システムとしての政策推進システム

システムを構成する仕組みごとに説明してきたのでわかりにくかっただろうが、政策推進システムは、いくつかの仕組みを連動させた統合型のシステムであるところにその特徴があった。先に述べた五つの改革は、一定のねらいをもって設計され、全体で一つのシステムを構成するように設計された。つまり、みえ政策評価システムなど個々のシステムは、政策推進システムのサブ・システムとして設計された。

政策推進システムは、その骨格だけを簡単に図示してみれば、図表2.2のようになる。評価システムを中心に、三重県の戦略としての総合計画を資源配分にリンクさせ、それをマネジメント型の組織で実行し、結果を評価して、それを県民に説明するための広聴広報システムを整えたということだ。

当時の三重県の説明資料では、政策推進システムの導入には次の四つのねらいがあると説明されていた。

○総合計画を基軸とした県政運営。

○庁内分権と成果志向のマネジメント・サイクルの確立。
○適切な行政経営資源の配分。
○県民との情報共有と意見の反映。

こうしたねらいを実現するために、いくつかの仕組みを組み合わせた統合型のシステムが県政運営の根幹に据えられたことに、政策推進システム導入の意義がある。

北川県政第二期の改革の特徴――管理から経営へ

二期目の改革で北川知事は、経営品質向上活動と政策推進システムが「二大戦略」だと明言したが、これによって明確になったのは、行政を経営としてとらえるということであった。北川県政の二期目には、よく「管理から経営へ」といわれるようになったが、これは、「from administration to management」を訳したものである。行政経営改革をやるのだという宣言である。このころから県庁内で「マネジメント」という言葉が使われるようになった。たとえば、二〇〇一年二月の三重県議会定例会の知事提案説明において、「今まで行政の仕事は管理型で運営されることが一般的でしたが、今では、民間の経営手法を活用したマネジメントとして行政システムを考えるのが、世界の潮流となっています。」と発言されたが、公式の場での公式説明で「マネジメント」という言葉が使われたことは、実に注目すべきことである。

図表2.3　管理型と経営型の違い

今までの行政運営	これからの行政運営
業務執行型 決められた業務を執行することが成果	**目的遂行型** 目的、目標を達成することが成果
管理型 部下に業務を割り当てて、管理監督	**マネジメント型** ビジョンと戦略を示して、権限委譲
部分最適型 それぞれの部署が的確に業務執行	**全体最適型** 県庁全体で、県民満足を実現

出典：三重県総合企画局政策推進システムチーム『政策推進システムの運営マニュアル』

「管理から経営へ」の意味は、決められた仕事を決められたとおりに執行する「業務執行型」の組織管理から、組織のビジョンと戦略にそって目的、目標を達成していく「目的達成型」の組織経営に改革することだと理解される。当時の公表資料『政策推進システムの基本的な考え方』では、「三重県庁の行政運営を従来の「管理」型のシステムから、「経営」型のシステムへと転換を図ることとし」、そのために政策推進システムを導入するのだと宣言し、職員への説明資料では、業務執行型の行政運営から目的達成型の行政運営に変えるのだとしている（図表2.3参照）。

北川県政一期目の改革はニュー・パブリック・マネジメント（NPM）の影響を受けた。NPMは市場志向と経営志向の二つの側面を併せ持っているが、二期目では、市場志向の強い民営化よりは、むしろ組織の経営改革を志向したとみることができる。行政経営品質向上活動は、いわゆるTQMの流れを汲むものであり、それが二大戦略に位置づけられたこともそれを裏付けている。この経営志向が、野呂県政に引き継がれることになる。ちなみに、野呂知事は、NPMそのものには関心を示さなかった。というより、その市場志向の側面には批判的だったと筆者はみている。

二期目の改革によって、それぞれの管理職はマネジャーとして、県民により良いサービスを提供するために、自分の与えられた目的・使命を達成していくというふうに組織の運営が大きく変ったように感じている。職員にとって、元には戻らないような意識の変化があったのではないだろうか。成果志向のマネジメントが組織的に確立したともいえよう。

第三章　野呂県政による継承・発展
――ガバメントからガバナンスへ――

北川知事の不出馬宣言

二〇〇二年一一月二五日、三重県議会の第四回定例会が開会した。北川知事は、提案説明を終えた後、特に発言を求めた。北川の知事任期は翌年の四月までであったから、議員はもちろん、議会の中継を聞いていた関係者の多くは、三期目の出馬表明だなと聞き耳を立てた。某全国紙もその日の朝刊で、「本日」三重県知事が出馬表明する見通しだと報じていた。誰もが翌年の三期目の選挙に出ることは確実だと思っていたのだ。ところが、出馬表明にしてはどうもおかしいぞ、と思いだしたところに、「来春の知事選挙に出馬しないことといたしました」というひと言で議場はどよめいた。

誰も予想していなかった衝撃的な不出馬表明の理由は、次のように述べられた。

〔当選した際に〕、公の権力である知事職の座は、一般的に言って二期八年、長くて三期十二年が適当だと申し上げ、また、多選の弊害についても、私の考え方として主張いたしました。……

これからの行政は、徹底した情報公開を通じて、その透明性を高め、説明責任を果たすことによって、より一層信頼される行政、開かれた県政を目指し、主役である住民の皆様と協働して新しい価値づくりに挑戦していかなければなりません。そして、地方分権を進め、住民の皆様が、自己決定、自己責任のもと主体的に参画し、自らの地域を自らでつくり上げていくというさらに進んだ民主主義を実現するステージに入っていかなければなりません。

八年前を振り返りながら改めて考えますと、当時よりさらに大きな飛躍が求められる今、これまでの改革の土台を築いてきた者ではなく、新しい発想を持った人が、選挙による県民の負託を経て、新たな改革のステージを創造することこそが今最も必要なことであります。……

（三重県議会会議録）

公の権力である知事の座は、二期八年が適当だ、改革の土台は築いたが、新しい段階には新しい発想を持った人が進めたほうがよいと、要約すればこんなことになる。

北川は後に、政策推進システムと行政経営品質向上活動という二大戦略を導入できたから辞めたのだという趣旨を述べている（『生活者起点の「行政革命」』）。知事就任当初めざしていた改革には、メドがついたからだと解釈できそうだ。それを土台に新しい改革を進めるのは自分ではないというのだが、それを意地悪く解釈すれば、北川自身には、それ以上の改革を進めるための明確なイメージがなかったのかもしれない。

さらに勘ぐれば、三重県政の改革以上にやりたいことが見つかったのではないだろうか。まだ現職にあった翌年一月二五日、北川知事は、四日市で開かれた「シンポジウム三重『分権時代の地方自治体変革』」でマニフェスト選挙を提唱した。北川のめざしていたものは、知事になったころから、日本の政治を変えることであった。三重県政の改革に取り組んでいながら「地方から変える」と言い、日本の政治・行政を変えるために地方行革に取り組んでいるのだとしていた。北川（『マニフェスト革命』）は、「政治の世界にもＰＤＳのサイクルが必要だとかねてから考えていたから」、政策推進システムの導入によって「行政の世界においてマネジメントシステムを構築した私は、次に政治の世界にもぜひ導入したいと思」い、それが「マニフェストに結びつくことにな」ったとも述べている。

三重県政の改革にはメドがつき、「地方から変える」ための行革モデルはできた、それに魂をいれて日本の政治を変えるためには、選挙のあり方から変えなければならない。それが、マニフェスト選挙の運動だったのではないだろうか。

北川県政の評価

知事が不出馬を宣言したので、翌二〇〇三年の第一回定例会は、北川県政八年間の総括についての議論の場になった。代表質問などでの議論を、議員の質問と北川知事の答弁も含めて、筆者なりにまとめてみると、北川県政の評価は次のようなものであった。

○改革を進めたことは基本的に評価されている。
○ただし、その改革が市町村や県民に十分理解されていないのではないか。
○土台をほぼ整えるところまで改革を進めることができた。県民主導の新たな改革のステージを創造する段階にきている。
○北川知事がトップダウン的に取り組んだ施策のそれぞれは、必ずしも評価されていない。たとえば、志摩に情報化拠点を整備しようとする「サイバーウェーブジャパン」というプロジェクトや、市町村の広域的なごみ処理と組み合わせたごみ固形燃料発電所の整備など個々の政策については、批判的な意見がある。

権力の座から降りようとする知事に対して、改革を評価してねぎらうというよりは、容赦のない厳しい評価がなされたという印象を受けた。

野呂県政のスタート

いずれにしても、大変な驚きをもって迎えられた不出馬宣言の後には、当然ながら関心は、次の県政を誰が担うかということに移っていった。三重県知事選挙は、二〇〇三年四月一三日に統一地方選挙として行われた。四人が立候補し、事実上の三つ巴となった選挙を制して知事の座に着いたのは、衆議院議員から松阪市長に転進したという経歴をもつ野呂昭彦だった。

二〇〇三年四月二一日の野呂県政のスタートにあたって、特に注目すべき点が、三つあった。一つは、北川県政下の改革については継承・発展させると明確に表明したこと。二つ目は、就任当日の職員訓示で、ガバメントからガバナンスによる三重県の未来の創造が必要だという発言があったこと。当時の県庁ではまだ、「ガバナンス」とは聞きなれない言葉だった。後ほどわかったのは、北川改革は県庁の「マネジメント」の改革だったが、野呂県政ではより視野を広げて地域「ガバナンス」の改革をやるという意味だった。

三つ目は、早速、三つの事項について検討するようにとの指示があったことである。まず、野呂知事は「県民しあわせプラン」という名前の公約を掲げて当選したが、それは県民に対する約束だから早速実行しなければならない。そのための計画づくりについて検討するようにというのが第一点。もう一点は、トータル・マネジメント・システムの検討であった。北川県政で新しい仕組みを積極的に導入してきたことは評価するが、それがすべてうまく動いているとは限らないだろう。県庁全体の仕組みをトータルに見て全体が最適になっているかどうかを点検して、見直すべきところがあったら見直すようにということであった。そして三点目は、財政が厳しいと聞いているので、今後の財政運営のあり方について検討するようにというのであった。

前二者の検討の成果として、「三重のくにづくり宣言」にかわる新しい総合計画が「県民しあわせプラン」として策定されるとともに、県庁全体の経営システムとしての「みえ行政経営体系」が構築された。三番目の財政の検討については、県の財政状況を分析し、総人件費の抑制や起債発行の抑制などが提言されたが、とくに注目するような改革につながったわけではないので、本書ではこれ以上触れない。以下、総合計画の策定とトータルマネジメントシステムの検討についてみてみよう。

県民しあわせプランの策定

野呂知事の指示を受けて、北川県政の「三重のくにづくり宣言」にかわる新しい総合計画の検討が始った。野呂知事の指示は公約を実行するための計画をつくるということであったので、くにづくり宣言の実施計画だけを改訂するという方法もあった。むしろ、翌年度予算に反映できるようにという指示は、時間をかけて総合計画を見直す必要はないと解釈された。だが、「政策推進システム」（トータルマネジメントシステムの検討によって「みえ行政経営体系」におきかえられることになる）では、総合計画が予算や評価などと連動していた。くにづくり宣言は、三重県政のビジョンとしての普遍性をもってはいたが、同時に、北川知事のリーダーシップの表現でもあった。同じことを語るにも、野呂知事と北川知事では、その語り口に自ずと違いがある。新しいリーダーが県政をリードしていくためには、新しいビジョンが必要であった。

総合企画局の方から、総合計画を見直しますと、野呂知事に提案したところ、二〇〇三年度の予算は北川さんがつくっていったので、二〇〇四年度の予算から公約を反映させたい、それに間に合うなら総合計画から見直す方が望ましいのだ、というようなご意見だったと記憶している。

ということは、実質半年で総合計画を策定しなければならなくなった。新知事としての所信は六月議会で表明される。その中で総合計画の見直しに言及し、正式の策定作業はその後になる。三重県の場合、議員提案条例によって、総合計画は議会の議決を要することになっている。計画策定作業は二〇〇四年度予算の策定と並行して進め、翌年の三月議会で予算と計画の議決を受けなければならない。総合計画のような案件は、性質上、イエスかノーかというようなものではない。議会で議論し、そこでの意見を反映させるためには、いきなり議案として提出するのではなくて、案の段階で説明しておかなければならない。つまり、議論に耐えるだけの中間案を一二月議会で説明しなければならないことになる。

「三重のくにづくり宣言」の場合は、一九九五年一〇月に策定作業を開始し一九九七年一一月に決定しているので、丸二年かかっている。これが常識的な線だったので、半年で作るということ自体が挑戦的であった。課長級の職員をキャップにした策定チームは、九月議会で素案、一二月議会で中間案というスケジュールを見事にこなして、年度内に「県民しあわせプラン」という名称の新しい総合計画が出来上がった。彼らは、プロジェクト・マネジメントの手法を取り入れ、いつまでに何をしなければならないのかという作業工程表をつくり、それに従って作業を進め、必要な庁内合意を取り付けていったのだ。

しあわせプランは、計画としての特徴をくにづくり宣言から引き継いだが、それに加え、特に「戦略計画」と名づけた計画期間三年間の実施計画レベルでは、次のような特徴を備えていた。

まずは、戦略的な重点化を図ったことがあげられる。知事の選挙公約をもとにさらに検討を加え、「重点プログラム」が掲げられた。これは計画期間中に実施すべきものを政策・事業体系から抜き出し、いくつかの事業を組み合わせて三十のプログラムにパッケージしたものであり、重点的に資源を配分し、優先的に実施するものとして、三年間の事業内容、事業量それに必要な事業費が戦略計画に明記された。重点プログラムの事業規模は三年間で千百億円くらいであり、三重県の年間事業規模は、人件費などを除くと三千億円台だったから、事業費にして一割くらいを重点化したと考えてよい。

次に、公約の実現を念頭においてつくられた計画ということであった。戦略的な重点化も、公約を実現するために行われたといえる。北川知事の退任間際の一月に、四日市で行われた行革シンポの席上でローカルマニフェストが提唱されたばかりであったから、自らの政策を掲げて選挙し、その公約を任期中に実現する責任を負うのだという考え方は大変新鮮であった。公約が総合計画の体系のなかに組み込まれ、総合計画は「みえ行政経営体系」によって県政のなかで実行されていくのだから、県庁内のシステムと選挙による県民の選択が連携したということだ。戦略計画への記載は県民の方々への約束であり、毎年の「県政報告書」で進捗が報告される。野呂知事自身が、重点プログラムは「知事就任後のマニフェストともいうべきもの」だと語ることになった。

もう一つ付け加えれば、総合計画の本体の方は理念編のようなものになり、具体的な計画部分は戦略計画に記載された。くにづくり宣言が三百三十二ページであるのに対して、しあわせプランはわずか八十三ページしかない。反面戦略計画の方は、四百六十二ページとずいぶんと大部なものになった（いずれも印刷された冊子の頁数で巻末資料なども含む）。

生活者起点から新しい時代の公へ

総合計画が新しくなったことによって、県政の基本理念も変ることになった。野呂知事は、就任にあたっての職員への訓辞で、「目指すところは、ガバメント（統治）からガバナンス（共治）による三重県の未来の創造です」と述べた。その考えは、「県民しあわせプラン」では、「新しい時代の公」という言葉で表現された。「新しい時代の公」とは、「公共領域の活動に、多様な主体が参画し、みんなで支える社会のあり方、及びその形成に向けた諸活動のこと」をいう（三重県『「新しい時代の公」推進方針』）。英文の「県民しあわせプラン」では、the "new public governance" と訳されている。「new」が示しているのは、一種の改革志向であり、野呂県政は、ガバナンス改革、つまり行政任せの地域経営から多様な主体による地域経営への改革をめざしたと言ってよいだろう。

くにづくり宣言の基本理念は「生活者起点の県政」であった。最初はわからないと言っていた職員も多かったが、野呂県政のスタートのころになると、県政のいたるところで使われるようになり、マネジメントの基本としてようやく定着した感があった。

野呂知事はもちろん、生活者云々は使わない。野呂知事は、県政のあり方について、「県民が主役の県政」という言葉を使った。職員の間には、その語っていることは「生活者起点の県政」の考え方に含まれている、よく説明して理解してもらうべきだという意見もあった。しかし、県民から選ばれた知事が「県民が主役」という言葉を使って県民に語ろうとしているのに、それは「生活者起点」の言っていることと同じだ、「生活者起点」の方が良い言葉だからこちらを使いなさい、というのは、職員の側が言うべきことではない。

しかし「生活者起点」で頑張りはじめた職員に対しては、知事がかわったからその言葉は使わなくなったと言えばやる気を失うだろう。「経営本部」としては、「生活者起点」をもう一歩進めるために新しい言葉を使うのだと説明しなければならなかった。「県民が主役の県政」は、「新しい時代の公」を進めるための県政のあり方であるとし、「生活者起点」と「新しい時代の公」との関係は、おおむね次のように整理された。

三重県ではこれまで、行政側の都合で考える行政から行政サービスの受け手の立場に立って考える県政に転換しようとする「生活者起点」という考え方で県政を進めてきた。しかし県民は、行政サービスの受け手であるばかりではなく、それを決定する主役でもあり、公共サービスを提供する立場にもある。県民個人のほかＮＰＯなどの団体や企業など「公《おおやけ》」を担う多様な主体や、市町村とのパートナーシップで県政を進めていく必要がある。そこで、「生活者起点」を一歩進めて、「県民が主役」という考え方、言い換えれば、県民の皆さんも行政もともに「公」を担っていこうという「新しい時代の公」という考え方で県政を進めることにした。

県政の基本理念は、「生活者起点」から「新しい時代の公」に変った。

トータル・マネジメント・システムの検討

二つ目の指示のトータル・マネジメント・システムの検討では、当時の行政経営品質のアセスメントの結果や、さらには職員アンケートとか、職員ヒアリングとかを実施し、どこが機能していてどこが機能していないのかという分析が行われた。その結果、評価システムとグループ制については職員の間に根強い批判があったのに対して、北川県政二期目でバージョンアップの一環として導入され、政策推進システムの導入時に改善を加えた「率先実行取組」は、職員から評価されていることがわかった。

そこで、トータル・マネジメント・システムの核は、評価システムではなく、率先実行取組とすることになった。システム改革の中で悩んできたのは、職員に受けいれられないために機能しないということであり、これをどうして解決するかということであった。たしかにシステムの設計上の問題の場合もあったが、それに対しては改善をはかれば解決する。使いこなすべき当の職員が受けいれていない仕組みが、機能するはずがない。

システムを構成するサブ・システムについては、政策推進システムを少し手直ししただけであったが、システム全体についての「説明」については、白紙から全面的に見直した。システムとしては、新たに組み立て直したと言ってもよい。たとえて言えば、部品は流用したが、それによって組み上がったマシンは新しいということだ。組み上がった統合的な行政経営システムは、「みえ行政経営体系」と名づけられた。「体系」は、「システム」の和訳であるが、三重県の行政全体を体系的に経営していくのだという気持が込められている。

不思議なことだが、全体を組み直しただけで、北川県政下では機能していなかった個々のサブ・システムが機能しだした。その理由はわかっていないが推測してみると、評価システムを中心に据えることをやめて率先実行取組を核において設計したために、職員に理解しやすくなったことがあるだろう。評価システムは、本来はすべての職員に関係があるはずであっても、評価表を書く職員は限られている。率先実行取組には、すべての職員が関わっている。

それ以上に大きいのは、評価を核にするという北川改革の「しがらみ」をいったん切り離したことによって、職員が経営システムを受けいれたのではないだろうか。北川改革の出発点において事務事業評価システムは、万能のツールであるように言われた。システム改革が進んだ後も、評価システムに対する職員の批判は根深いものがあり、機能していないという批判にこたえて事務事業評価システムを抜本的に見直しても、政策推進システムは大部分の職員には受けいれられなかった。白紙からシステム設計をやり直したことによって、ようやく職員が聞く耳をもったという面もあるのではないだろうか。

さらには、北川知事に対しては懐疑的な目で見ていた職員が、野呂知事に対しては、むしろ好感を持って受け止めたようにも感じられる。それが、影響しているかもしれない。

みえ行政経営体系の導入――システム改革の到達点

野呂知事が就任直後に指示したトータル・マネジメント・システムの検討結果は、二〇〇四年三月に『「みえ行政経営体系」による県政運営』としてまとめられ、県政運営は、「みえ行政経営体系」と呼ぶ基本的な枠組みにそって行われることとなった。今まさに鈴木県政がスタートし、さらなる改革が進められようとしているが、それまでこの統合的な行政経営システムで県政運営が行われてきたのだから、一九九五年にスタートして以来、北川県政、野呂県政、通算十六年に及ぶシステム改革の到達点である。

みえ行政経営体系の枠組みは、図表3．1によって示され、「今後は、…『みえ行政経営体系』を基本として行政運営を進めていきます」とされた。県を動かしている仕組みは無数といえるほどある。そのうち、予算編成システム、人事システムなど経営上重要ないくつかについては改革の方向が示さ

図表3.1　みえ行政経営体系における PDS サイクルの主要な仕組み

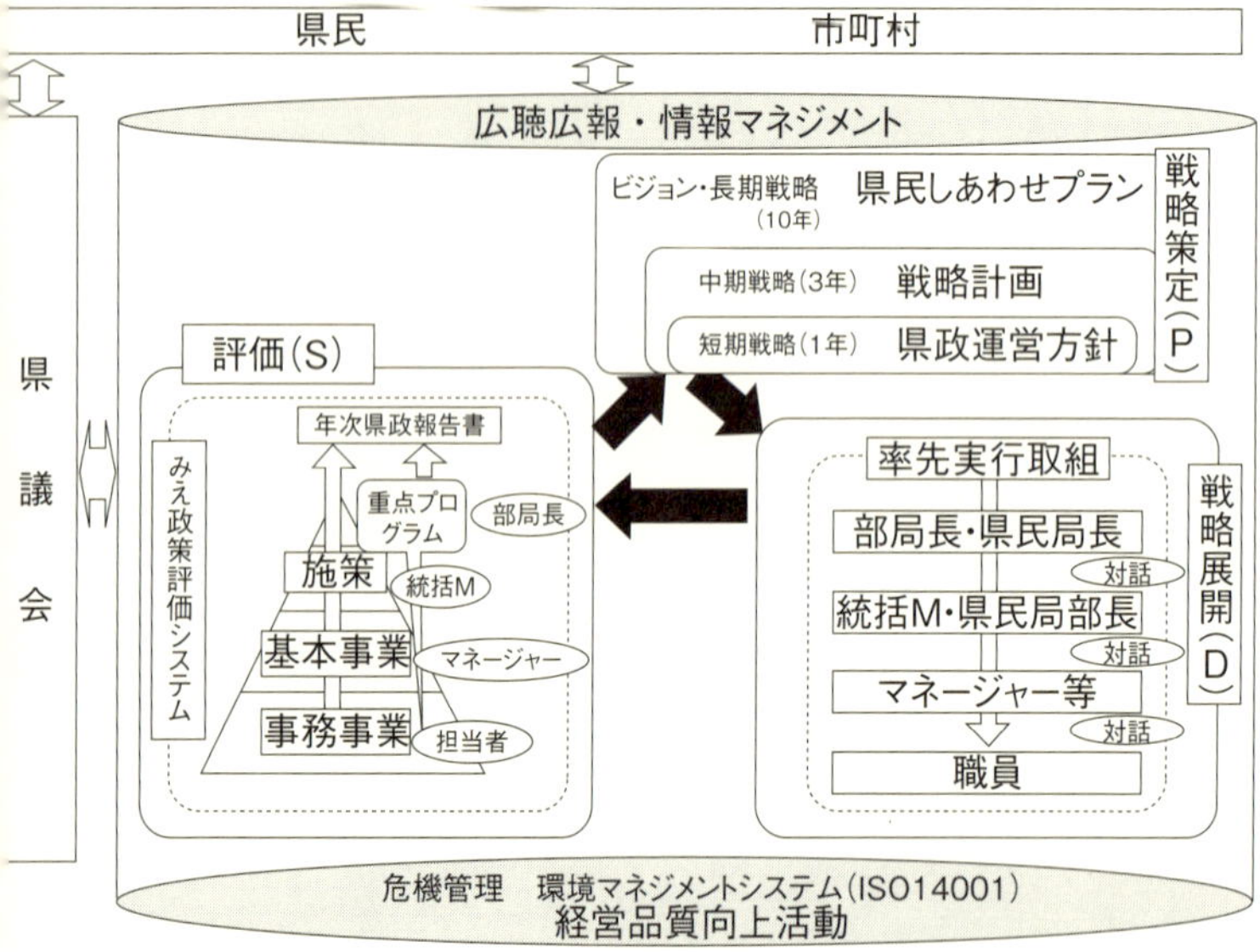

出典：三重県『「みえ行政経営体系」による県政運営』

れたが、図表で主要な仕組みとされた以外については、みえ行政経営体系上の位置づけが明らかにされたわけではないし、仕組み相互の有機的な連携策が明示されたわけでもない。しかし、すべての県政運営が図表に示されたようなみえ行政経営体系の枠組みにそって行われるとしたことは、特徴的であり、大きな意義をもつことになった。つまり、みえ行政経営体系では、県を動かしている仕組みのすべてが、例外なくこの枠組みのなかでとらえられることになった。

マネジメントのベース

みえ行政経営体系の枠組みは、まず、三重県政全体の「マネジメントのベース」となるものとして、経営品質向上活動、危機管理、環境マネジメントシステムの三つを位置づけている。次に、県民や市町村など、多様な関係主体からの情報を県政に反映させるものとして、体系の一番上部には、「広聴広報・情報マネジメント」がおかれている。マネジメントのベースに支えられ、広聴広報・情報マネジメントからの情報を受けて、PDSサイクルが回される。PDSの主要な仕組みは、戦略策定（P）が総合計画、戦略展開（D）が「率先実行取組」、評価（S）が「みえ政策評価システム」とされている。

北川改革ではPDSサイクルの確立が特に重視されたが、野呂県政では、全体としての経営管理（マネジメント）が重視され、その根幹におかれるべきものとして、より質の高い行政サービスを提供していくための組織の継続的な改善活動である経営品質向上活動と、県民の安全・安心を確保するための危機管理、環境パフォーマンスを継続的に改善するための環境マネジメントシステムが選ばれた。「マネジメントのベース」という位置づけと、それにこの三つが選ばれたのは、野呂知事の考えが強く反映している。

野呂知事が特に重視していたのは、経営品質向上活動だ。野呂知事は、松阪市長時代に当時の副知事らと米国を訪問し、ジャクソンビル市の取組など経営品質向上活動を視察したことがある。野呂知事は、継承発展させるといいながらも北川改革に対して批判的な見方をしていたとみられるが、北川県政二期目で取り入れられた経営品質向上活動については肯定的に評価していた。経営品質向上活動をベースにおくことによって、政策推進システムを発展させたPDSサイクルとの関係も明確になり、北川改革の二大戦略が一体化されたものと理解できる。ちなみに、政策推進システムと経営品質向上活動が北川改革の二大戦略に位置づけられた当時、両者の関係がはっきりしないと指摘する職員が多かったが、それにこたえることができたともいえる。

マネジメントのベースに危機管理が位置づけられたのは、野呂知事自身が危機管理の必要性を強く感じていたからだ。就任直後に、桑名にある三重ごみ固形燃料発電所で爆発事故が起ったが、先頭に立ってその収拾にあたり、危機管理（クライシス・マネジメント）の優れた手腕を発揮した。リスク管理も含めた危機管理についての見識は深いのだろう。「三重県危機管理方針」が二〇〇四年二月一〇日に制定されたのにつづいて、二〇〇六年度には、全部局で県の事業・業務等に潜んでいるリスクの洗い出しを行った。各部局でどのようなリスクを把握したか、どのように対応するかについては、知事自らが検討結果を聴き取りし、把握したリスクについては組織として対応することとした。

環境マネジメントシステムは、むしろ当然という感じで、マネジメントのベースに位置づけられた。

県政のビジョン、戦略としての総合計画

三重県の総合計画「県民しあわせプラン」は、県の組織全体に一貫した方向（ビジョンとミッション）を与え、その戦略を示すものと位置づけられている（図表3．2参照）。

図表3.2 「県民しあわせプラン」の示すビジョン・戦略

（「県民しあわせプラン」の基本理念）

『みえけん愛を育む“しあわせ創造県”』を県民が主役で築く

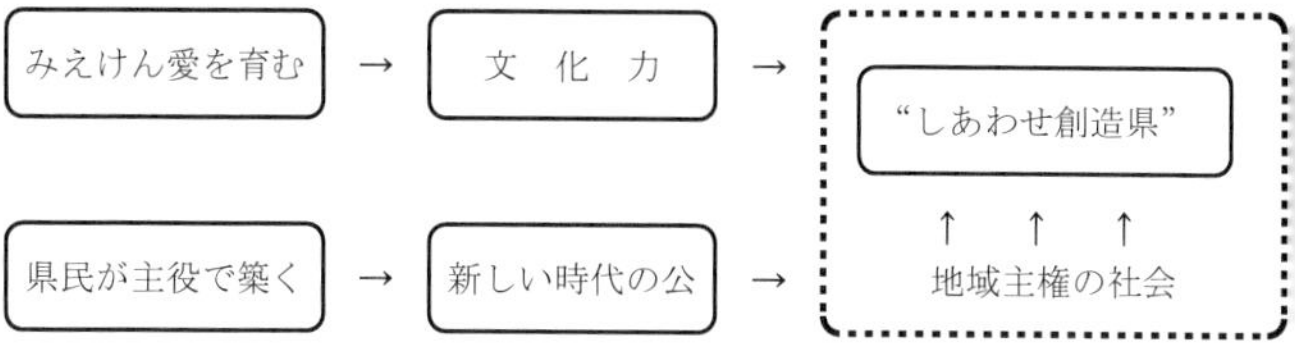

ミッション （県庁の使命）	県民福祉の増進 → 県民がしあわせになれるための条件を整えること （しあわせの舞台づくり）	
ビジョン （県庁が成功した姿）	どんな県を	どうやってつくるのか？
	みえけん愛を育む「しあわせ創造県」を	県民が主役となって築く
戦略 （成功に至る道筋）	元気・くらし・絆 → ５本の柱と19の政策 重点的な取組 重点事業	「新しい時代の公」 三つの基本姿勢 ・県民が主役 ・県民と協働 ・感性を磨く
	みえの舞台づくりプログラム	
	みえの文化力指針	『新しい時代の公』推進方針

出典：『三重県総合計画県民しあわせプラン』などをもとに筆者作成

ミッションとは、三重県庁の果たすべき使命である。地方自治法によって、地方自治体の使命は住民の福祉の増進であるとされている。しあわせプランでは、それを、県民一人ひとりがしあわせを築いていくための土台となる社会づくりであると理解している。ビジョンとは、その使命を果たすことに三重県庁が成功した姿であり、「『みえけん愛を育む〝しあわせ創造県〟』を県民が主役で築く」という基本理念として表されている。その意味は、「県民一人ひとりが、家族を愛し、地域を愛し、三重県を愛する、また、地域や家族からも一人ひとりが愛される。そして、地域が主体的に意思決定し、県民が主役となって新しい時代の『公』を築き、一人ひとりの〝しあわせ〟が創造されていく」ような県であるとされている。ビジョンを実現するための道筋が「戦略」であり、長期の戦略として、政策の五つの柱と十九の政策が定められている。

中期の戦略としては「戦略計画」を定めることとしており、知事の任期間の取組方向が、施策と基本事業の体系で数値目標とともに定められている。さらにこれにもとづいて、戦略計画を推進する単年度の戦略・方針として、毎年度の「県政運営方針」が策定される（図表3．3参照）。

県政運営方針は予算編成と連動している。県政運営方針は、九月ころに「県政運営の基本的考え方」が出され、九月議会での議論を経て「県政運営方針案」となる。予算は、この県政運営方針案を踏まえて編成されることになっており、「予算調製方針」にその旨明記される。つまり、予算編成は、〈総合計画～戦略計画～県政運営方針〉という体系で定められた「戦略」を実現するための財政資源の配分と位置づけられている。三月議会で予算が承認されると、それを踏まえて「県政運営方針」として確定することになっている。

戦略展開の主要な仕組み——率先実行取組

長期・中期・短期で決められた全庁的な戦略・方針は、「率先実行取組」という仕組みによって、各職場で展開され、各室・各職員によって実行に移される（図表3．3参照）。

「率先実行取組」は、もともと北川県政第二期に、行政システム改革バージョンアップの一環として始ったものであった。「各部局内で充分議論を行い、今後取り組むべき事項を取りまとめた『各部局・県民局「率先実行」取組』を作成し（PLAN）、これに沿って各部局が率先実行して改革に取り組み（DO）、年度末にはその成果を評価する（SEE）とともに、次年度、この評価をもとに新たな取組を追加するなど見直しを行って、改革を着実に実施して行くこととなった。また、この取組は、県庁内部の行政運営に関するものではあるが、県民の皆さんに公表し、協働して改革を進めて行くために公表していくこととされた」（『八年の軌跡』）。一九九九年一一月に、『各部局・県民局「率先実行」取組』が公表されている。

政策推進システム導入の際には、廃止の意見もあったが、あわやの場面で、「地域機関では、評価システムの評価表を作成していないので、率先実行取組がマネジメントの重要な仕組みになってい

図表3.3　三重県政のビジョン・戦略とその展開の基本的な考え方

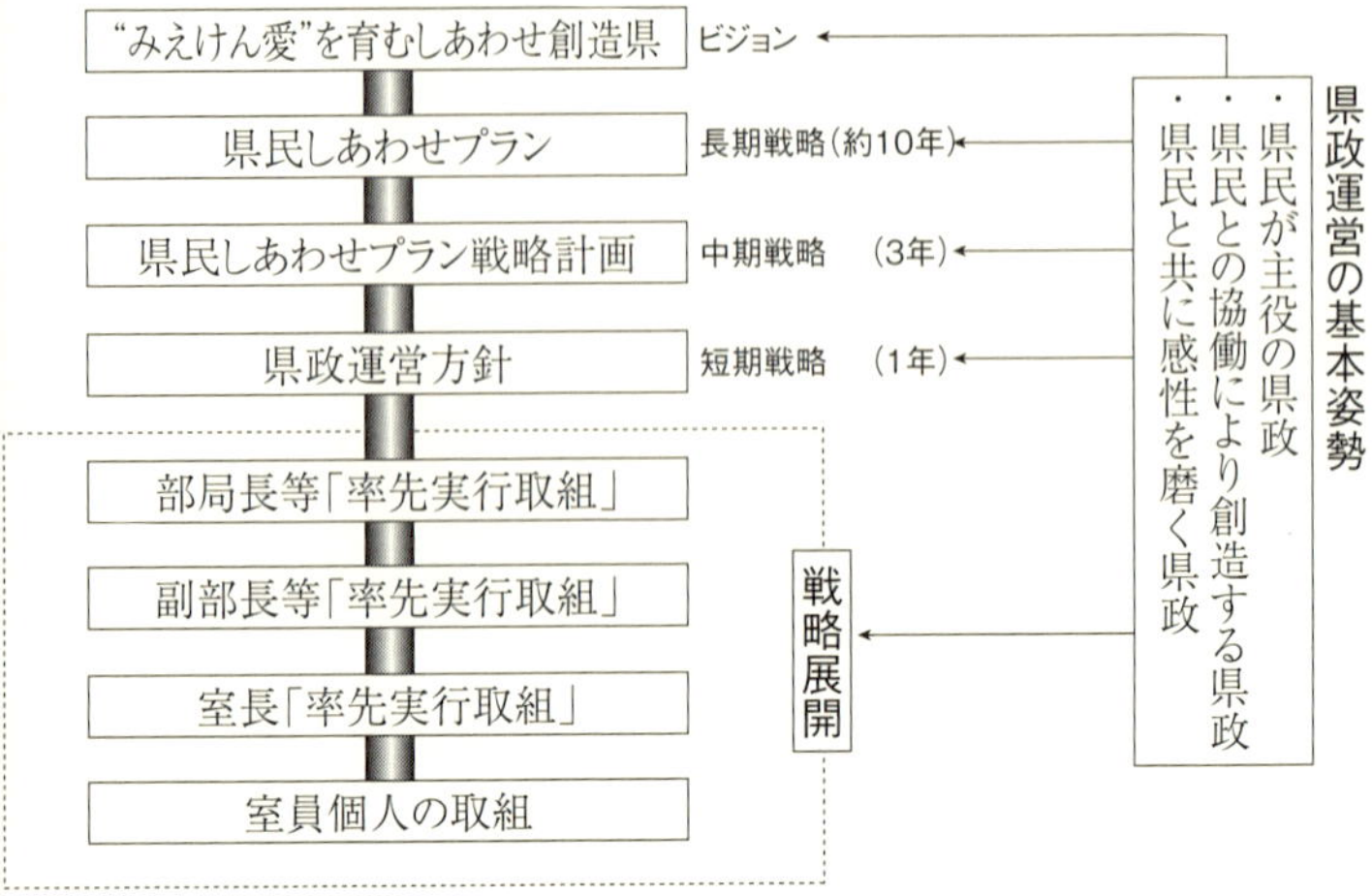

出典：三重県資料

る」という意見が通り、手直しをして生き残ることになった。マネージャー制が導入されるのとあわせて、「率先実行取組」は、上司と部下が対話によってつくる年度の目標とされ、二〇〇二年度から新しい形で実施された。この時点で、部局の率先実行取組から、各部局長、総括マネージャー、マネージャーの『「率先実行」取組』と位置づけが変り、各階層でつくられるようになった。政策推進システム上の位置づけはとくに与えられなかったが、上司・部下の「対話」のツールとしては重要視されることになった。これが、みえ行政経営体系では、「全庁に共通する戦略展開の仕組みとして位置づけ」られたのだ。それまで経営品質向上活動の一環としての副次的な仕組みと考えられていたのが、みえ行政経営体系では中核的な位置づけが与えられ、重要な経営システムとなった。

率先実行取組は、「部長～総括室長～室長～職員の四層構造により、対話をもとに県のビジョンや戦略を第一線の職員まで展開し、それぞれの内発的な取組を促す仕組み」として位置づけられている。「部局」、「分野」、「室」というそれぞれの組織階層で、「上位の方針を受けて、ミッション（存在目的・役割）・あるべき姿及びそれを踏まえた『今年度の取組』を記載」するのだが、その過程の対話を通して、「組織の『方向性』を同じにし」ようとするねらいがある。室長の率先実行取組は、個々の室員の取組に展開されていて、室員の年度計画としても機能している（図表3．4参照）。

率先実行取組の作成は、まず、各部署のミッションとあるべき姿（ビジョン）を明確にする。次に、

①施策の実現に向けて、

②業務プロセス等の改善、

③人材育成と学習環境の整備、

④顧客の理解と対応

の四つの区分（視点）ごとに、必要な項目を設定し、それぞれに「今年度の具体的取組内容」と「取組目標」を記入する。年度初めには、これを先ほど述べた「対話」の手順で、目標設定する。

年度の中間には、対話によって、進捗状況、今後の課題などが確認され、必要があれば方針や目標の変更などが行われる。期末には、実績を確認するための対話が行われ、課題などは翌年度に引き継

図表3.4　率先実行取組と対話の仕組み（V字型の対話プロセス）

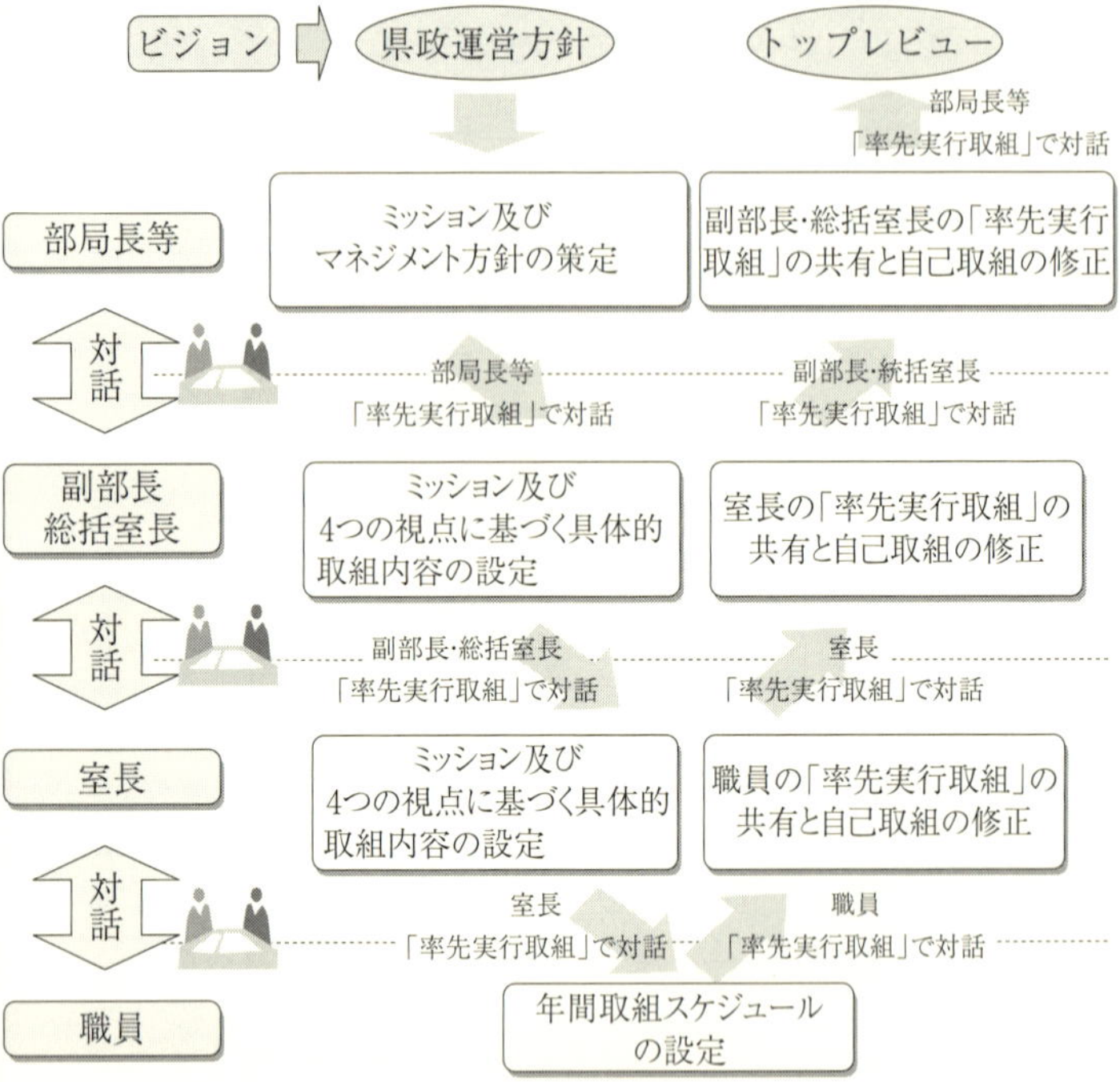

出典：三重県資料

ぐ。年度当初に立てられた目標に対して、中間と期末に実績が確認されるということは、組織目標に対する「評価」としても機能していることになる。

三重県では、管理職の勤務評定が二〇〇〇年度に導入されているが、率先実行取組はそれと密接に連携した仕組みになっている。率先実行取組の面接は、勤務評定の期首、中間、期末の面接を兼ねている。期首の率先実行取組の目標設定は、勤務評定の目標設定でもあり、中間の目標の修正、期末の実績確認は、そのまま勤務評定の目標修正、実績確認になっている。システムとして職員に浸透しているのは、それも関係しているのだろう。

評価の主要な仕組み

率先実行取組の「施策の実現に向けて」についての年度末実績は、そのまま施策、基本事業の評価でもある。これを、評価表に落とし込めば、それがすなわち「政策評価」になる。みえ行政経営体系では、政策推進システムで導入した「みえ政策評価システム」を手直しして、評価の仕組みと位置づけているが、戦略と評価の間に率先実行取組が位置づけられたことによって、PDSサイクルが明確になり、現場でもスムースに動くようになった。

評価は戦略計画にもとづいて行われる。施策と基本事業の目標は、戦略計画に明示しており、これが評価のよりどころになる。「県民しあわせプラン」第一次戦略計画では、「三重のくにづくり宣言」第二次実施計画と同様、県民にとっての成果を表すという観点から一施策一目標、一基本事業一目標を設定するという考え方を引き継いだが、二〇〇七年度からの第二次戦略計画では、「主目標」と「副目標」を併用することとなった。これは、たとえば、「失業率」を引き下げることを目標に掲げると、県の雇用対策の効果以上に、景気動向を反映して数値が動く。県の努力と無関係に目標が達成されたり、されなかったりするのはおかしいという議会の指摘を踏まえて検討された結果であり、県の施策によって県民にどんな効果をもたらそうとしているのかを明らかにする指標と、県の活動を評価できるような指標を併用して、県の業績評価をより的確にできるようにと工夫した結果である。目標は、みえ政策評価システムによって評価される。その結果を公表するシステムは踏襲されたが、名称は「三重のくにづくり白書」から「県政報告書」に改められた。

広聴広報・情報マネジメントの仕組み

みえ行政経営体系では、県民や市町村の意見やニーズを把握し、それをPDSサイクルに反映していくことの重要性を認識して、「広聴広報・情報マネジメント」がイメージ図の最上段に描かれている。トータル・マネジメント・システムの報告書には、「インターネットを活用した県民の皆さんと双方向のコミュニケーション手法の活用」などの方向が示されてはいるが、広聴広報・情報マネジメントがどのようなサブ・システムで構成されるのかについては、十分明らかにされていない。

「県政報告書」は、県民からの広聴のための広報資料として、引き続き重視された。みえ行政経営体系でも、総合計画で目標を設定し、それを達成できるようにマネジメントし、その結果を評価して公表するという政策推進システム以来の仕組みが維持されているので、県政の基本情報を提供して県民から意見を受けるための基本的な仕組みは整っているといえる。

野呂県政での広聴広報を北川県政下のそれに比較しての特徴は、知事が県民との対話の場に積極的に出ていったことである。全市町村に出向いて県民との「本音でトーク」を行うというのは、知事選挙における公約であったが、野呂知事は公約を守るという以上に積極的であった。知事就任後、平成の合併で市町村数は減っていったが、「全市町村」とは合併前の六十九市町村だと自ら言って、そのすべてを三年で回り、四年目には、九つの広域圏で一会場ずつ、追加開催をした。さらには、「みえの舞台づくり百人委員会」なる広聴的な委員会を設けて、県政に自由に意見をもらうようなことも行った。

実は、政策推進システムでは、「三重のくにづくりトーク」として、「県内数か所で『三重のくにづくり宣言』についての懇談会を開催し、知事または副知事が県を代表して出席します」（『政策推進システムの運営マニュアル』）とされていた。北川県政下においても、県民と直接対話する機会をもつことは重要であると認識されてはいたのだが、県議会を終了して議場から出る北川知事が環境団体のメンバーに取り囲まれてしまうというような事件もあって、北川知事自身は慎重であった。トーク終了後は逃げるように会場を後にするというようなこともあった。

野呂知事の方はこの点いたって暢気で、トーク会場に早く着いて住民たちと談笑するというような光景は珍しくなかった。トークに積極的な野呂知事、消極的な北川知事であったことは、確かだ。四年の任期中に、県民との直接対話を七十六回開催したというのは、おそらく各都道府県知事のなかでも、トップではないか。

市町村との関係は、北川知事は実際のところあまり良くなかったので、市町村長と知事が直接意見交換するような機会も少なかった。野呂知事になって、県内をいくつかの区域に分けて定期的に「膝詰めミーティング」を開催し、市町村長と意見交換を行った。また、全市町村長との会合の場ももたれ、県と市町村との風通しは良くなった。市町村からの情報の窓口は開かれていたと言ってよいだろう。

議会との関係は、重要な公表資料はまず議会に提出し議論されるという慣行は踏襲され、緊張感ある関係は野呂県政でも維持された。議会からの情報窓口も大きく開いていたと言ってよいだろう。

このように、県民の意向は、議会や市町村を通じて県にもたらされるものが多かったが、県民への直接窓口も多く開かれていて、電話などによる苦情をはじめ、庁舎に置かれた県民提案箱など多種多様な方法で、たくさんの意見要望が寄せられていた。これらは、原則二週間以内に回答するというルールが定められていた。処理結果は広聴の主担部である総合企画局に報告され、処理に問題があるものについては、担当部に注意喚起がされていた。意見・要望と回答は一覧表にして、一か月ずつまとめて部長会議に報告されて全庁的に共有されていた。

「広聴広報・情報マネジメント・システム」といえるほど体系的にはなってはいなかったが、広聴広報・情報マネジメントの仕組みは整えられていたといえよう。

以上のように、それぞれのサブ・システムを取り出してみれば、それほど驚くようなものはなかろうが、それらを有機的に組み合わせて全庁的、統合的なマネジメント・システムとしていたところにみえ行政経営体系の意義がある。

みえの文化力指針

野呂知事は、就任の翌年二〇〇四年四月の部長レベルの泊込みの戦略会議で、広い意味での「文化政策」の検討を指示した。当初は、生活文化部が中心になって取り組んだ。当時同部は、「文化デザインフォーラム」の三重県プロジェクトを誘致しており、二〇〇五年三月に同プロジェクトから、「心のふるさと三重」としてよき精神文化の原点としての「スピリチュアル立県」が提案された。

それと並行して総合企画局でも検討が開始された。野呂知事は、選挙の公約で「みえけん愛」というキーワードを使っており、それは三重県の総合計画である「県民しあわせプラン」に引き継がれた。しあわせプランでは、「みえけん愛」とは、「人と人との絆や、郷土を誇りに思う」心、あるいは「家族を愛し、地域を愛し、三重県を愛する」心で、そのような心があってこそ、一人ひとりが〝しあわせ〟を築くことができるとし、その理念を「みえけん愛を育む〝しあわせ創造県〟」という言葉で表わしている。「心の豊かさを大切にし、〝しあわせ〟を実感できる社会を築いていく」ためには広い意味での文化をベースにした政策展開が必要ではないかという問題意識から検討が続けられ、二〇〇六年五月に「みえの文化力指針」が策定された。

文化力指針は、「みえけん愛」を育む社会の実現をめざして、文化の持つ力に着目し、その力を高め、生かすためのものと位置づけられた。同指針で文化は、「生活の質を高めるための人々のさまざまな活動及びその成果」と広く定義され、「文化力」は、「文化の持つ、人や地域を元気にし、暮らしをより良くしていく力及び人や地域が持っている人々を引きつけ魅了する力」とされた。

そして、「文化力を政策のベースに位置づけ、経済的合理性や効率性など経済的価値に基づく判断だけでなく、文化的な価値に着目し、経済と文化のバランスのとれた政策へと転換してい」くことを宣言したのだ。その背景には、高度成長以来、わが国の社会が経済偏重におちいり、さまざまな歪みが生じているのではないかという認識があった。

「県民しあわせプラン」のめざす県の姿は「みえけん愛を育む〝しあわせ創造県〟」であり、それを「県民が主役となって築く」ことを基本理念としているが、文化力指針の策定によって、しあわせ創造県をつくるための基本戦略として文化力が位置づけられたことになる。また、図表3．2に示したような、しあわせプランのビジョンと戦略が完成したことにもなる。さらに付け加えれば、みえ行政経営体系で進めるべきビジョンと戦略を明確に示すことができたことになり、野呂県政の基本的な枠組みが整ったことを意味した。

野呂県政第一期改革の特徴――経営品質への傾斜

以上のように進められた野呂県政第一期目の改革であるが、その成果は、何より北川県政で始った改革を三重県行政に定着させたことである。

北川県政では、それまでの日本ではみられなかったような新しいタイプの行革に着手した。北川改革が影響を受けたニュー・パブリック・マネジメント（ＮＰＭ）は、国際的に影響力をもったものの、それを始めたのはイギリスやニュージーランドといったいわゆるウエストミンスター・システムの国であり、基本的な行政の仕組みに日本とは大きな違いがある。ＮＰＭの考え方を取り入れた新しい仕組みを開発し、従来からの仕組みに接ぎ木するような形で導入し、三重県の行政事情に合わせてまがりなりにも動かしてきた。反面、職員が新しいシステムを受けいれていない、システムそのものにも改善すべき点が残っているといった状況で、行政経営システムとして十分機能していたとは言いがたかった。それが野呂県政になって、三重県の行政組織のなかに経営システムが違和感なく溶け込んだといえる。言い換えれば、三重県型、あるいは日本型の行政経営システムがあり得《う》ることを実証した。

その要因としては、野呂知事が職員の信頼を得たことが何より大きい。二〇〇四年一〇月二一日付けの中日新聞は、三重県職員労働組合が同年七月に組合員約五千七百人に調査した野呂県政への評価を報道している。それによると、組合員は、北川前県政を酷評する反面、野呂県政を高く評価しているとのことだ。北川県政は改革のための改革とされる一方、野呂県政は、トップダウンやパフォーマンスとの決別であり、評価できないことは北川改革の検証、見直しが不十分なことくらいで、厳しい批判はほとんどないという。

野呂県政でのみえ行政経営体系も、基本の考え方は北川県政下での政策推進システムを踏襲し、一部改善しただけである。それにもかかわらず、県政のシステムとして動き出したのはまことに不思議なことであったが、それは、野呂知事が職員の立場に立って検証したという信頼感によって職員が受けいれたからであろう。職員の信頼を勝ち得たのは、選挙において三重県職員労働組合の推薦を受けたという政治的な要因もあるだろうが、それだけではなく、リーダーシップのあり方など総合的なものだと感じる。

野呂知事は、たとえば

「小さな政府」「官から民へ」といった言葉ばかりが先行し、「なぜ小さな政府が良いのか。民間ができれば何でも民間が良いのか」といった議論が十分にされてこなかったと思う。……国民が望んでいるのは、小さな政府ではなく、「無駄のない効率的な政府」だ。

（「地方からの発信――どんな国を目指すのかを、まず考えよう」）

という発言にみられるように、「小さな政府」論には批判的で、NPM的な改革手法への関心も低かった。行政に一定の役割を求める姿勢が、職員の信頼へとつながった面もあるだろう。

野呂改革の特徴は、経営品質の重視である。野呂知事は、北川県政第二期で始った経営品質向上活動については、たいへん好意的であった。野呂が学生時代に学んだ管理工学の知識と親和性があったこともあるだろうが、市長時代に、副知事を団長とする三重県の経営品質調査に参加し、アメリカの自治体の取組をみてきた経験も影響しているだろう。トータル・マネジメント・システムの検討にあたっては、「経営品質向上活動……の観点から県庁全体の最適化を図るということ。それから、もう一つは……マネジメントの現場での最適化も図るということを目指してまいりたい」とし、「この経営品質の向上活動は……、経営の全体最適をしていくという観点からいきますと、わたしも今の時点では最高のツールではないかなと思っている」と述べている（野呂昭彦『みえけん愛を育む〝しあわせ創造県〟』）。みえ行政経営体系では、経営品質向上活動が「マネジメントのベース」として位置づけられただけではなく、野呂知事自身が先頭に立って、経営品質向上活動を奨励した。ちなみに、北川県政下での外部評価がBプラスに止まったのに対し、野呂県政下では、就任直後の二〇〇四年度はBマイナスであったものの、二〇〇六年度にはAマイナス（求める価値を戦略的に考え、行動しているレベル）という高い評価を獲得している。優れた経営システムが出来ていてそれが機能していることが認められたということであり、野呂県政によって、旧来のシステムにかわる行政経営システムがほぼ完成されたことを意味している。

野呂知事が「新しい時代の公」を掲げ、文化力を重視したことは、大変先進的なことである。「モノからココロへ」といわれるように、人びとの欲求は、物質的にはほぼ充足され、精神的な欲求へと向かっている。このような背景から、経済力、つまりモノを買う力だけでは人々は幸せになれなくなっている。また、行政需要も生活の質の向上に関わるものに変化するなかで、公共分野においても住民自身の努力が不可欠になり、行政も住民の取組と協働しなければならなくなっている。

野呂は、「社会が成熟化した今日は、心の豊かさや、新しい形の価値観が求められている。その中で、地方分権が進み本当の意味での地域主権の社会を実現するためには、価値観の多様性を認め合い協働できる社会を実現していくことが重要だ」とし、こうした社会の在り方が、三重県のいう「新しい時代の公」であり、ニュー・パブリック・ガバナンスなのだという（「地方からの発信――いよいよNPG（ニュー・パブリック・ガバナンス）が花開きます」）。

また、文化力を政策のベースにおく理由として、

わが国は戦後、大きな経済成長により豊かな繁栄を築き上げたが、一方で自殺や過労死、地域コミュニティーの弱体化、廃棄物の不法投棄など、人の心や家庭、地域の問題といった様々な形で社会の歪みが顕在化してきている。このため、行き過ぎた競争原理や効率優先といった経済偏重の考え方を問い直し、経済的な価値に加えて、文化的な価値を大切にすることが重要だ。

（「地方からの発信――文化力をベースにした県政」）

と主張している。

このように鋭敏な時代感覚と正しい時代認識をもつことは、政治をリードし、行政を進める責任者としては、非常に重要なことである。この先見性は、野呂知事自身の発想から出たもので、職員からのものではない。「新しい時代の公」と文化力は、このような時代の変化を敏感に捉え、それにふさ

わしい方向に県政の舵をきったものと理解でき、野呂知事の大きな成果であろう。

その反面、県政の理念として高く掲げられたにもかかわらず、政策やその進め方に具体的に大きな変化が見られたわけではない。その点において、北川が無理矢理にでも改革に向わせたような強力なリーダーシップは、野呂県政では見られなかったと言わざるを得ない。県政のリーダーは、先進的な方向性を示すだけでは不十分であり、職員をしてその方向に歩ませることができなければならない。もっとも、職員の信頼を得て北川改革で導入されたシステムを定着させたという功績とは裏腹の関係にあり、一人のリーダーに両方を望むことには無理があるのだろう。そのために、県政のリーダーの交替という制度があるのかもしれない。

野呂県政は、「バランスの取れた県政」として「一定の評価」が与えられた（二〇一一年五月二日付け伊勢新聞、報道部長・岡原一寿）が、北川県政に比較して改革色は薄まり、「変える」という職員の気概が弱まったのは事実だろう。鈴木知事は、就任時において、「改革を進めていくことが私の使命である」と言い、「再び三重県を改革のトップランナーにしていきたい」と言い切った（職員就任あいさつ、定例記者会見）。鈴木県政には、北川県政、野呂県政の良いところから学ぶとともに、十六年で築いてきた経営資産を生かして独自の改革を進めることが求められている。改革のトップを走ろうという意欲に期待しながら、今後の三重県政を見守っていきたい。

第四章　もう一つの改革
――三重県議会の改革――

三重県議会でも改革が始った

北川が知事に就任し、三重県の改革が始ると同時に、三重県議会でも改革が始った。

議会の改革は、「鉄道会社からの優待パスの返納や、委員会調査における執行機関職員同行の禁止など、議会の活動を『常識に戻す』ことから始まった」（小林清人「新しい段階に入った三重県議会改革」）。北川県政がスタートした一九九五年に「議会に係る諸問題検討委員会」が設置され、近鉄などから提供されていた無料パスを返上した。その後の改革のなかでも、県民に説明のつかないような「既得権」を議会自らが手放すことが議会改革のひとつのパターンとなり、費用弁償や政務調査費についての見直しが行われている。

この改革を議長として主導した岩名秀樹は、「カラ出張が世論の批判を受けて、これを返済しなければならんということになった。これも改革の後押しをしてくれた感じがする」（大森彌・岩名秀樹

「ディスカッション三重の改革5」）と語っている。カラ出張問題は、執行部の改革だけでなく、議会の改革も後押しした。

議会改革の初期に取り組んだことに、もう一つ、情報公開がある。議会の保存する文書は、「全国に先駆けて、97年から情報公開の対象とした。この結果、98、99年には、全国市民オンブズマン連絡会議の採点で、公開度日本一の議会とのお墨付きをもら」い（小林清人「議員提出条例は何をもたらしたか」）、改革の先頭を走る地方議会であるとの定評を獲得した。

文書だけではなく、議会の会議は原則すべて公開とされ、「議会運営委員会を含むすべての委員会に、非公式な全員協議会も加えて議会内の審議、討論をすべて公開対象とするものだった」（小林同）。本会議以外の会議が傍聴できるようになったのは、画期的だ。

議会の政策立案力の強化

「次の段階の議会改革は議会の政策立案力の強化であった」（小林同）。

三重県議会では一九四七年から一九九九年までの四十三年間に議員提出で可決された条例は七十一件あるが、そのうち政策に関するものは一件しかない（小林同）。それが、二〇〇〇年三月に「三重県生活創造圏ビジョン推進条例」を可決してから、二〇〇五年九月の「三重の森林づくり条例」の可決までの五年半の間に、十一の政策条例を議員提出で可決した。三重県議会ではいまや「条例づくりを含めた改革への取組は、議会活動を充実させるごく当たり前のもの」（小林「新しい段階に入った三重県議会改革」）になり、二〇〇六年一二月には都道府県では最初に議会基本条例を制定している。

このような政策立案力の強化を進めるためには、議会をサポートする議会事務局の充実が必要であった。一九九八年四月から議会事務局に政務調査室をおくとともに、議会事務局職員を衆議院・参議院の法制局へ派遣して能力の向上を図った。また、具体的な議員提出条例の立案にあたっては、衆参両院の法制局職員や有識者の指導を仰いで、論点の整理などが行われた。

たとえば、「三重県行政に係る基本的な計画について議会が議決すべきことを定める条例」が、二〇〇一年三月二二日に可決成立した。地方自治法第九六条第二項の「普通地方公共団体は、条例で普通地方公共団体に関する事件につき議会の議決すべきものを定めることができる」という規定に基づいて、総合計画など県政の基本になるような計画については議会の議決を要するとするものだった。この検討過程で執行部側は、自治省に問い合わせ、計画策定を議決事件とすることは法律が認めた知事の執行権限を侵害するおそれがあり違法であるという感触を得ていた。一方議会事務局は、衆議院法制局の指導を仰いで必ずしも違法ではないとの感触を得て、制定可能だと判断し、可決に至った。それ以後、他の自治体でも、地方自治法第九六条第二項によって条例による議決事件を定める例が増え、非公式のものではあるが自治省（総務省）の解釈を事実上覆す結果になった。

このように議会の改革が進んだのは、北川知事の議会への姿勢も関係している。北川は、「地方分権を進めると、首長や執行部の権限は当然強くなる。もっと強くなければいけない。それ以上に……議会こそがもっと強くならなければいけない」という議会観をもち（北川正恭『マニフェスト革命』）、日ごろから、執行部と「議会との関係は是々非々の、緊張感のあるパートナーシップだ」（北川正恭ほか『知事が日本を変える』）と発言していた。裏金問題の発覚によって決算認定が否決されたりといった議会の執行部に対する厳しい態度についても、むしろ歓迎しているようにみえた。

地方自治法第九六条第二項による議会の議決事件を定める条例をつくろうしている動きについては、当然、知事にも報告された。当時、予算調整課長として議会対策を担当していた筆者は、自治省の見解を知事に伝え、対応について指示を仰いだ。北川知事からは、「この条例の制定は県民にとっては良いことだと思うか」と質問され、「主要な計画について議会が審議することは良いことではないか」と私見を伝えたところ、それでは問題ないではないかということになり、執行部として反対の意見を表明するなどのことは特にしないことになった。

北川改革が始ったころ、議長だった岩名秀樹は北川知事と話し合い、「知事がいくら改革をやろうとしても、いい意味の外圧がないとなかなかできないんじゃないか。そういう意味では、我々が大きな外圧になっていくよという話しをした」（大森・岩名前掲）というが、議会は、執行機関の改革を後押しする役割、「行革圧力」としての役割を果たしていた。たとえば、行政システム改革が検討されていた一九九七年一〇月には、行政改革調査特別委員会を設置して意見を言い、翌一九九八年度から集中改革期間がスタートすると、その進捗について調査を行うという形で後押しした。

一方、北川知事は、議会の改革を歓迎し、むしろけしかけるような態度をとった。三重県の改革は、議会と執行部が、互いにその改革を後押しするような形で進んでいったといえよう。

議会の基本理念を定めた

議会の改革はさらに、自治の担い手としての議会の理念を宣言する方向に進んだ。

三重県議会は二〇〇二年三月に「三重県議会の基本理念と基本方向を定める決議」を行い、基本理念として「分権時代を先導する議会をめざして」を、また、基本理念を実現するための基本方向として、

①開かれた議会運営の実現
②住民本位の政策決定と政策監視・評価の推進
③独自の政策提言と政策立案の強化
④分権時代を切り開く交流・連携の推進
⑤事務局による議会サポート体制の充実

を定めた。二〇〇三年一〇月には、基本方向にを加えて、決議し直した。

基本理念とは、「三重県議会が活動する際の最も基本となる精神、心構えを表したもの」であるが

（三重県議会『分権時代を先導する議会を目指して』）、その意味は、「住民が参加しやすく開かれた議会や新しいこと、困難なことに果敢に挑戦する議会を築き上げ、住民の皆さまの満足度を高めていき、分権時代を先導する議会になることをめざします」（二〇〇三年一〇月一〇日三重県議会決議）とされている。

これは単なる宣言にとどまらなかった。「基本理念と基本方向を分かりやすい形で実現していくことが必要であり、そのためには五本の基本方向ごとに具体的な目標を立て、達成度を県民の皆様に公表していくことが有効な方法であると考え」、「三重県議会基本理念・基本方向達成システム」が二〇〇三年度の事業から導入された。「具体的には、基本方向ごとに、事務局において基本事業、事務事業という事務の体系を立て、これに基づき、基本方向、基本事業、事務事業の三種類の様式（目的評価表）を作成して、これを公表していくことに」なった（三重県議会資料）。つまり、〔基本理念〜基本方向〜基本事業〜事務事業〕という議会としての政策・事業の体系がつくられ、議会事務局はそれに基づいて議会の基本理念を実現すべくマネジメントし、評価も行われた。執行機関が政策推進システムによって定める政策・事業体系に準じるものとして扱われたのだ。

たとえば、「開かれた議会運営の実現」という基本方向に対しては、「テレビの県議会中継を見たことのある県民の割合」という数値目標が立てられ、その下位には「住民に分かりやすい議会運営の推進」という基本事業と、「ホームページアクセス数」というその基本事業の目標が立てられ、政策推進システムと同様の様式でその評価表が公表された。なお、基本方向の目標は議会の目標であるが、その下位の基本事業、事務事業の目標は議会事務局の目標とされた。

二〇〇六年一二月に制定された三重県議会基本条例は、これをさらに進める取組として位置づけられ、議会の基本理念と基本方針を示すとともに、議会運営や議員活動の原則が明らかにされた。

同条例で議会の基本理念と基本方針は、次のとおり規定された。

（基本理念）

第二条　議会は、分権時代を先導する議会を目指し、県民自治の観点から、真の地方自治の実現に取り組むものとする。

（基本方針）

第三条　議会は、前条の基本理念にのっとり、次に掲げる基本方針に基づいた議会活動を行うものとする。

一　議会活動を県民に対して説明する責務を有することにかんがみ、積極的に情報の公開を図るとともに、県民が参画しやすい開かれた議会運営を行うこと。

二　議会の本来の機能である政策決定並びに知事等の事務の執行について監視及び評価を行うこと。

三　提出された議案の審議又は審査を行うほか、独自の政策立案や政策提言に取り組むこと。

四　地方分権の進展に的確に対応するため、議会改革を推進し、他の自治体の議会との交流及び連携を行うこと。

これによって、議会決議は議会基本条例に引き継がれ役割を終えたわけであるが、それにともなって三重県議会基本理念・基本方向達成システムも実施されなくなっている。議会の理念の根拠が決議から条例になっても、それを達成していくための仕組みの必要性はかわらない。議会及び個々の議員と議会事務局の関係は同じ組織を構成する上司と部下の関係ではないので、執行機関の経営とは違った意味で、議会事務局に目標を与え、その達成を把握する必要がある。三重県議会基本理念・基本方向達成システムは、議会がその事務局との相互関係を律するシステムとして大きな意味があったのではないだろうか。

二元代表制をめぐる議会と執行部との緊張

地方自治体は、執行機関である知事・市町村長も、議事機関である議会の議員も、どちらも住民の直接選挙によって選ばれる。二つの機関がどちらも直接住民を代表しているので、二元代表制と呼ばれる。以上のような議会改革の流れの背景には、二元代表制において議会はどうあるべきかという問題意識が、底流を流れている。それが、「緊張感あるパートナー」の間に緊張関係を生んでいった。

二〇〇一年夏に、検討中の政策推進システムのイメージが明らかになると、議会の側には、執行機関が直接県民の意見を吸い上げてPDSサイクルに反映することになれば議会の存在意義に関わるという危機感が生まれた。議員からは、議会に示された政策推進システムの案では、議会がどのように関わるのかは不透明であり、議会抜きで政策形成が行われるのではないかと懸念する発言が相次いだ。

議会では、「政策推進システム対応検討会」がつくられ、政策推進システムの年間日程とそれの議会調査の日程との調整が図られた。その結果、

○第二回定例会において、未定稿の「三重のくにづくり白書」を各常任委員会に提出する、

○常任委員会では、「三重のくにづくり白書」を調査して、意見をまとめる、

○予算決算特別委員会で、各常任委員会の意見を持ち寄って調査し、執行機関の翌年度の重点施策と戦略課題の決定に間に合うように、議会としての意見をまとめる、

という議会の調査と政策推進システムをかみ合わせたサイクルができた。これによって、議会が政策形成の過程に深く関わることができるように仕組みが整えられたといえる。しかしこれによっても、議会の危機感は解消されなかった。

議会では、この危機感をバネに、二元代表制のもとで議会はどのような役割をもち、執行機関とはどのように関わっていけばよいのか、そのあり方を検討することになった。二〇〇三年一二月に「二元代表制における議会の在り方検討会」が設置され、二〇〇五年三月三〇日に同検討会から、『二元代表制における議会の在り方について』と題する「最終検討結果報告書」が提出された。

図表4.1　中長期的な視点に立った新しいシステムの構築（政策サイクル）

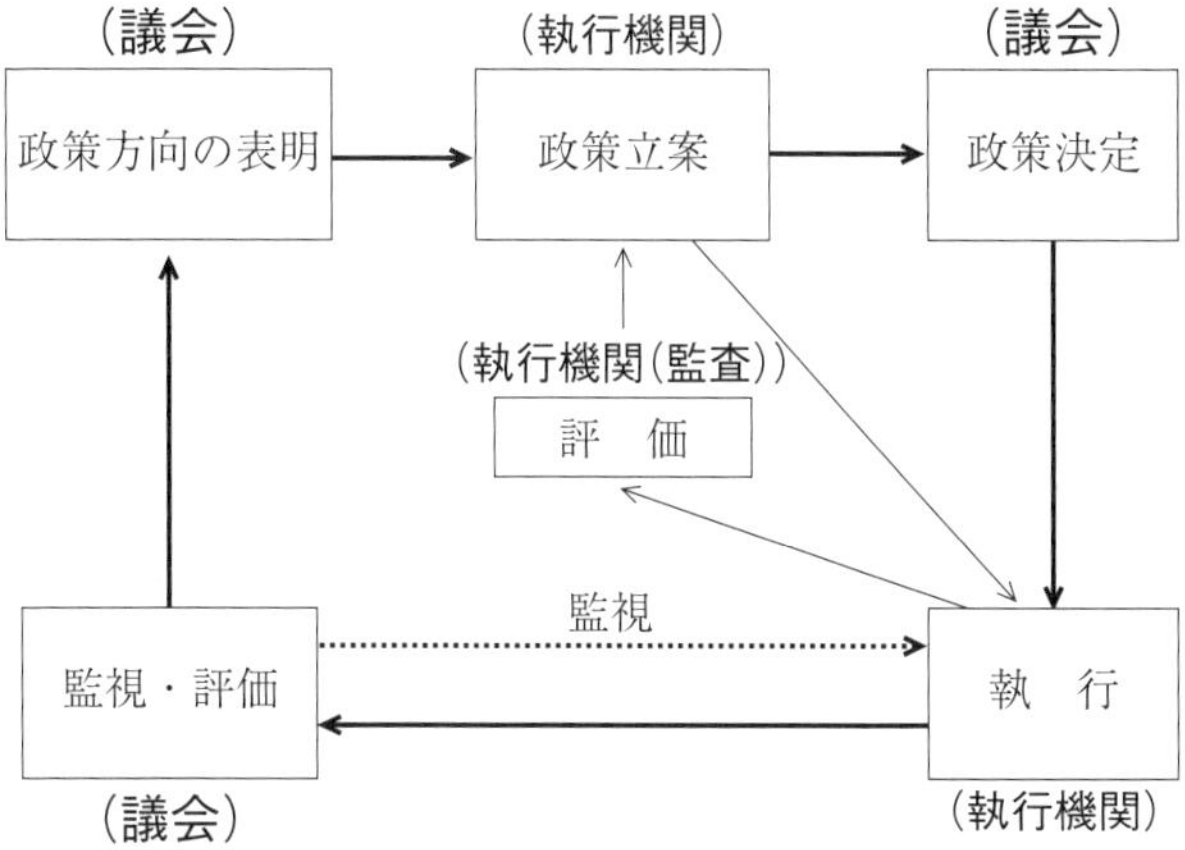

出典：三重県議会『二元代表制における議会の在り方について』

この報告書のなかで、「議会による政策方向の表明→政策決定→執行の監視・評価→次の政策方向の表明」という議会主導の新しい政策サイクルのシステム（図表4．1）が示されたことに、今度は執行機関側が危機感をもった。つまり、議会が予め政策の方向を決め、その枠内で予算調製などを行うということになれば、現行地方自治制度の定めている知事の権限を侵すことになるのではないか、また執行責任をもたない議会の政策形成の結果については知事が執行責任を負うことになるのではないかという懸念がもたれた。同検討会から中間報告が出された段階から、知事と議会との間で論争になった。

議会のなかでも、政策形成にどれほど議会が関わるべきかについては、意見が分かれているようだったが、この枠組みを基本に、議会基本条例の制定の検討に入っていった。二〇〇五年三月一三日に、議会に「議会基本条例研究会」が設置され、その検討結果は、素案にまとめられ、二〇〇六年九月一五日に公表された。

知事部局としては、議会基本条例の制定が先に述べたような議会主導の政策形成をねらっているのではないかとの懸念を抱き、「憲法及び地方自治法の範囲内の条例である」ことを明記するように求めた。ほかにもいくつかの点で疑義が示され、執行部と議会で、また議会内で議論が積み重ねられ、修正が加えられた上で「三重県議会基本条例案」が二〇〇六年一二月に議員提出で第四回定例会に上程され、一二月二〇日、全会一致で可決成立した。

議会と執行機関との関係

政策推進システムへの対応から議会基本条例の制定に至る底流に、議会と執行機関の関係がどうあるべきかという議論が流れており、これは、今後の議会改革がどうあるべきか、さらには立法論も含めた日本の地方自治制度がどうあるべきかという問題を含んでいる。筆者なりの考えを述べておきたい。

現在われわれは自由民主主義の社会に住んでいるから、住民は地方行政の治者でもあり、被治者でもある。しかし、西洋における議会の歴史は、それ以前の、治者と被治者とが分離され、民が一方的に支配されていた時代にまで遡る。封建時代にあって、議会は被治者を代表して、治者である封建領主の横暴に対抗し、税をどのように負担するのか、さらには集めた税を何に使うのかについて、説明を求め、承認を与えるという重要な役割を果たしていた。

民主主義の時代になって、治者は人民が選ぶという仕組みができ、住民は、治者でもあり、被治者でもあるという立場になった。治者としての住民を代表するのが首長で、被治者としての住民を代表するのが議会というふうには考えられないだろうか。住民が選んだ代表であっても、一旦治者としての立場に立つと、必ずしも住民のコントロールに従った存在でなくなる。つまり、「権力は腐敗する」。そこで、治者が暴走しないように議会をおいて監視するとともに、重要な決定については被治者の代表たる議会に留保しているのではなかろうか。この考え方に立てば、議会の政策立案機能は、重要ではあっても補完的なものに止まる。

首長が独任制であって、議会は多様な議員で構成されるということから、双方の役割分担のあり方を考えることもできる。それぞれが強みと弱みをもっているのであるが、一貫性、整合性をもった政策を立案するには独任制の首長が適している。一方、それを多様な目でチェックし、監視するということには、議会が向いている。それぞれの強みを生かして、住民に責任を果たすという観点から考えても、議会がもっぱら政策形成することが住民の幸せにつながるとは思われないが、どうだろう。

通常は首長が責任をもって政策を立案し、議会がそれをチェックするが、多様な議員が一つの結論に達するような重大な決定がなされれば、もちろん首長はそれに従わなければならない。先の図表4．1は、政策の大まかな方向性を議会が示すということであれば理解できるが、議会が執行機関の政策立案を縛るということであれば、慎重に考えなければならない。少なくとも、現行の二元代表制の設計からは、そのように考えられる。

議会が政策立案機能をもつべきだという議論には、議会の権限を強化すべきという議論が隠れている。その議論の背景には、さらに、地方自治体の首長が中央集権的な上意下達の役割を担い、議会はそれに参与してきたという地方自治の歴史がある。戦後民主主義の時代になっても、相対的に議会の力が弱くなるように運営されてきた事実があり、議会が執行機関の追認機関にとどまってきたという批判も当を得ているが、議会の権限強化の方向が政策立案機能だということにはならない。議会の権限の及ばない機関委任事務も廃止された。最終的な政策決定権は議会にあるのだから、何も執行機関をさしおいて政策立案しなくても、出された政策の当否について熟議が行われるという議会本来の役割を果たしさえすれば、自治体の地域づくりについて議会がその責任を果たすことは十分可能だと考えられるが、どうであろうか。

県民のための改革

三重県議会は、執行部と競い合うように先進的な改革を進め、地方議会のなかでも最も改革の進んだ議会と目されている。二〇一一年二月三日付けの伊勢新聞によれば、「早稲田大学マニフェスト研究所は……地方議会の『改革度』について……独自採点した結果をまとめた」。それによると、三重県議会の改革度は、全地方議会中四位、都道府県議会中トップであった。同研究所は、二〇一一年ランキングも発表しており、全地方議会中二位、都道府県議会中二位であった（二〇一二年一月一九日付け中日新聞）。

改革初期には、北川改革の後押しと、自らのけじめを中心として改革が行われた。その後、政策条例の議員提出など、積極的に政策形成に関わっていく姿勢が示され、議会での議論も「地元要望型」は影を潜めて政策議論が中心になっていった。さらには、より積極的に議会のあり方から検討されるようになり、対面演壇の導入、議会基本条例の制定など、先進的な改革が進められてきている。

このように議会を改革に駆り立てた原動力は、一つには地方分権一括法による機関委任事務の廃止による議会の役割の拡大があったと考えられ、一つには、執行部側が評価システムの導入などの改革によって自己完結性の高いＰＤＳサイクルを確立していくことへの危機感があったと思われる。そのような中で、議会の存在意義が問われているという認識がバネとなって、改革が進められてきたものとみられる。

とすれば、執行部の改革が議会の改革を呼び、議会の改革が執行部の改革を後押ししたといえよう。まさに「車の両輪」のように、三重県の改革が進められてきた。「二元代表制」をめぐる議論など執行部と議会との緊張が高まる場面もあったが、何より住民の視点からそれぞれの役割を果たしていくことが重要であり、この緊張感が県民のための改革のエネルギーを生み出すことが期待される。

第五章　職員の反応と組合改革
――労使協働への道――

北川改革に対する職員の反応

北川知事は、職員に対しても「緊張感のあるパートナーシップ」で臨もうと考えた。「黒船の襲来」を迎える職員のなかに、戦々兢々とした雰囲気が流れていたことは想像に難くないが、迎えられる側の北川も、「県庁文化に浸りきった役人たちとどのような形でかかわるか」という問題について頭を悩ましたようだ。「県民の支持を背にして県庁の役人と徹底的に対立してやるという道」ではなくて、「徹底して協調してやろうという道」を選んだが、「馴れ合いとか談合では」なく、「お互いが本当にいいか悪いかを堂々と議論してやろう、その結果、お互いに納得したら進めようという方式で行こうと決めた」と語っている（高塚猛『組織はこうして変わった』）。そしてさわやか運動に始まる一連の改革が進められ、北川県政第一期の「三点セット」の改革が一応の成功をみた。それは、長期政権の停滞のなかでエネルギーを蓄えてきた職員たちが新知事のリーダーシップにいち早く反応

図表5.1　三重県職員労働組合の職員アンケート結果

（職員の意見反映）

項目	1998年	1999年	2000年
反映された・どちらかといえば反映された	11.3%	15.5%	—
反映されていない・あまり反映されていない	67.4%	60.8%	—
わからない・無回答	21.3%	23.7%	—

※ 2000年の調査は行われなかった

（事務事業評価システム）

項目	1998年	1999年	2000年
評価する・どちらかといえば評価する	26.6%	25.3%	37.0%
評価しない・あまり評価しない	36.3%	41.8%	41.6%
わからない・関与したことがない・無回答	37.0%	32.9%	21.3%

（グループ制の導入）

項目	1998年	1999年	2000年
評価する・どちらかといえば評価する	14.0%	15.7%	23.8%
評価しない・あまり評価しない	50.8%	55.9%	60.3%
わからない・導入されていない・無回答	35.2%	28.5%	15.8%

出典：『八年の軌跡』から筆者作成

したからだという（村尾信尚・森脇俊雅『動きだした地方自治体改革』）が、職員全般の反応は必ずしも芳《かんば》しくなかった。

　三重県職員労働組合によって、一九九八年から二〇〇〇年にわたって、毎年一回、計三回の「行政システム改革に関する職員アンケート」が実施された。その結果にみられる特徴は、まず、六割以上が改革に対して職員の意見が反映されたとは思っていないことであり、事務事業評価システムとグループ制について否定的な意見が多いことである。グループ制にいたっては、過半数が否定的である上に年を追って否定的意見が増えている（図表5．1参照）。

　このアンケートの結果は、改革担当者には、「職員の意識改革は一定前進しているものの、行政システム改革が目指している業務量の削減や業務の平準化、簡素で効率的な行政システムの実現については、職場の実態と大きく隔たりがあり、また、各種改善への取組についても、職場の意見が反映されていない」ことを指摘しているものと受け取られた（『八年の軌跡』）。組合側の受止め方はもっと端的で、一九九八年の第一回アンケート結果から、「多くの職員がシステム改革を進める上において、理念先行で現場の議論や意見反映がほとんどされなかったことや拙速的な進め方に強い不満を抱いている」としている（『第一〇五回三重県職員労働組合定期大会・一九九九年度運動方針（案）』）。このような職員の反応を受けて、北川県政第二期では、「行政システム改革バージョンアップ」として、いわばボトムアップ型の改革へと転換を図った（第二章参照）。

評価システムに対する職員の反発

改革を進める側は、職員を改革に巻き込み、職員自らが改革、改善に取り組むように仕向けていったが、北川県政終了直後（つまり野呂県政スタート時）にトータルマネジメントシステムの検討のために行われた調査をみる限り、改革が職員に十分受けいれられなかったことは明らかである。

トータル・マネジメント・システムの検討の際に行われたアンケートでは、改革で導入された新しいシステムについて、職員がどの程度理解しているか、職員が導入の効果があると考えているかについて調査された。「政策推進システム」についての回答では、理解度が四七・一％にとどまっただけではなく、効果ありの回答が一七・八％に対し、効果なしの回答が四五・四％にのぼるなど、さんざんな結果である。自由回答の分析では、最も多かった意見が「評価が予算や組織にリンクしていないことに対する批判」で自由回答の一五・六％を占め、「不適切な評価・成果報告」を指摘する意見が一三・一％であり、「政策推進システム」に対する低い評価は、もっぱら評価システムに対する批判からきていることが窺える。

アンケートの自由回答を分析した『三重県トータルマネジメントシステムに関する調査分析報告書』（二〇〇四年二月一〇日、東京工大坂野研究室）は、〈不適切な評価・成果報告→経営資源の配分へのリンクとアカウンタビリティの欠如→システムの意義が分からない→評価への真剣さの欠如→不適切な評価・成果報告〉といったシステム運用上の悪循環が生じている可能性を指摘している。このような「悪循環」を断ち切るには、システムの改善と職員の巻き込みを同時・並行して行うことが解決策になるはずである。三重県の改革は、実際に、職員の意見を聞きながら仕組みの改善を行うという方向で努力された。例えば、政策推進システムの開発過程では、担当者が地域機関まで出向いて職員との意見交換を行う、ある程度の案ができた段階、段階で、説明会を開いてそこでも意見を聞く、といったことを繰り返しながら、システムをつくりあげていったのであった。しかしながら、そのようにして導入した政策推進システムについても、先にみたとおり、職員に受けいれられてはいなかった。

ところが、野呂県政になって、その状況が一変する。みえ行政経営体系が導入された二〇〇四年度からは、システムの主要な仕組みに対する職員の理解度が調査されている。二〇〇三年度調査で、政策推進システムに対する理解度が四七・一%だったのに対して、二〇〇四年度からの調査で「みえ政策評価システム」への理解度は、六一・七%→六六・六%→六六・二%と推移している。トータル・マネジメント・システムの際のアンケート調査からは、理解度と効果度は相互に相関的であるという分析がされているので、「みえ政策評価システム」はようやく職員の理解を得て、機能しだしたと考えるのが妥当であろう。

なぜ、職員に受けいれられたのか? 可能性としては、次のような理由が考えられる。

①みえ行政経営体系では、各現場で行われる「率先実行取組」が重要な取組として説明された。組織としての取組が「率先実行取組」の「実績」として評価され、その一部が全庁的な「評価」としてPDSサイクルにのっていくのだと、「評価」を受けいれやすいような説明がされた。

②予算編成時に予算書に添付していた「予算評価」を廃止して実績評価だけにするなどの改善が図られた結果、みえ行政経営体系の一部として「みえ政策評価システム」が機能しだした。

③知事のリーダーシップの違い。北川県政ではトップダウンの改革というイメージがつきまとい、評価システムにも「やらされ感」があったのに対して、野呂県政では、ボトムアップ的なイメージで、「押しつけられる」といった感じがなくなった。

筆者の主観で恐縮だが、①は多少あったかもしれないが、②は職員が受けいれた理由だとは考えられない。多少の「簡素化」は図られたが、システムの基本は同じだからである。一番ありそうなのが③で、トップのリーダーシップのスタイルの違いが組織に与える影響には、大変に大きなものがあるのではないだろうか。

第三章で紹介したように、中日新聞（二〇〇四年四月二一日付け）の記事によると、野呂県政は組合員の大きな支持を受けている。県庁は、人的には職員によって組織されている。その職員が、リーダーとして受けいれなければ、知事といえども改革は困難だということであろうか。北川知事と接していて組織の外の人のような違和感を感じたことを記憶しているが、野呂県政になって、「自分たちのリーダー」であるという信頼感が生じたのが、改革が定着した大きな要因なのかもしれない。その反面、「新しい時代の公」と「文化力」という新しい時代を切りひらくべき改革方向を掲げながらも、これといった変化を生むことができなかったのは、職員に対して理解がありすぎたからではないだろうか。

三重県においては今まさに、北川改革、野呂改革に続くものとして、鈴木改革がスタートしようとしているが、職員の給与カットを公約の前面に出した知事が職員の信頼を獲得することは至難のことだろうと想像される。組織の中に取り込まれずに改革しようとしたが職員には受けいれられなかった北川流、職員の信頼を勝ち取ったが職員に無理を言えなかった野呂流、それぞれから良いところを学び、その困難を乗り越えてほしいものだ。

北川改革に対する職員組合の反応

　三重県職員労働組合は、職員によって構成されているといっても、それ自体一つの組織であり、個々の職員の単なる集合ではない。職員組合が、組織としてどのように動いたかもみておく必要があろう。

　職員組合は、一九九五年の知事選挙で前・田川県政の後継候補を応援していたこともあって、「改革」を掲げる北川・新知事を戦々兢々として迎えたようだ。当初、職員組合は改革に対して批判的であったが、「県政の継続」を掲げる田川県政の後継者を推薦・応援したにもかかわらず県民が改革派の知事を選んだという経緯や、不適正執行に組合としての対処も必要だったという事情もあり、改革そのものを否定するのではなく、問題点を指摘して改善を要求するという対応をとり、やがて、組合自身も主体的に改革に取り組むようになっていった。

　北川改革について、三重県職員労働組合は、概して批判的な見方をしていた。とくに、さわやか運動の中核的な取組である「事務事業評価システム」と、行政システム改革のなかで全庁的に取り入れられたグループ制に対しては、同組合の資料に批判的な意見がみられるが、先に述べた職員の反応と整合していることにも注目される。組合の定期大会などの資料には、たとえば、「事務事業評価システムが取り組まれていますが、複雑多岐にわたる県行政を一つのものさしではかることにとまどいの声も聞かれます」とか、「事務事業評価システムがスタートし、具体的な事業の見直しがはかられようとしていますが、民間の能率協会の導入の是非や、時間外勤務増大への懸念の声もあがっています」、あるいは、「グループ制は本来、複数の職員が協同しながら有機的に仕事を進めるという理念で導入されたが、実情は個人担当制に近く、グループリーダーも負担が大きくグループ全体を見きれない等、個人の負担感、疎外感を生み出す要因となっている」といった批判的な意見が散見される。

しかし、組合としては、さまざまな問題を感じてはいたものの、結局「改革は避けて通れない時代の流れ」であるととらえることになる。前述のように北川知事が職員との全面対決は避けようという方針で臨んだこともあって、組合としては、「改革を急ぐあまり職場での混乱や労働条件に関わる課題の発生も考えられるが、……是々非々の立場で提言や交渉を設定して」いくことになり、「行政システム改革」の始った一九九八年には、「行政システム改革に関わる改善要求」を掲げて、問題点を改善するための運動をスタートさせた（組合資料）。

また、組合自身としても、「労働組合のあり方や県行政の進め方などについてビジョンを持つことが必要」というような改革に対する積極的な動きも見られ、北川県政二期目のころには、改革を「正面から受けとめ、自らの声や手で」進めようという方針が出される（組合資料）。三重県職員労働組合では、一九九八年に実施した「行政システム改革に関する職員アンケート」の結果から、「多くの職員がシステム改革を進める上において、理念先行で現場の議論や意見反映がほとんどされなかったことや拙速的な進め方に強い不満を抱いている」として、「元気な県庁《しょくば》づくり」をメインテーマに新たな運動を創造、実践していくこととした（『第一〇五回三重県職員労働組合定期大会・一九九九年度運動方針（案）』）。それは、「改革の流れを真正面から受け止め、『自立・連帯・協働』をキーワードに、新しい運動に積極的に取り組むことで、職場に漂う閉塞感を払拭し、充実感、達成感のある県庁風土を創り出」そうとするものであった（三重県職員労働組合、二〇〇〇年三月二一日、『第九八回中央委員会議案書』）。

二〇〇〇年九月二九日に開かれた「第一〇六回三重県職員労働組合定期大会」では、「組合の改革」、「県庁の改革」、「労使関係の改革」という三つの改革で「元気な県庁《しょくば》」をつくるという方向が打ち出された。組合も変わる、労使関係も変えていくというばかりではなく、県庁を変えるのも職員自らだという改革に対する積極的な姿勢が打ち出されている。

労使協働委員会の発足

知事や総務局など改革を進める側も、一九九九年に北川県政二期目が始まるころには、職員に理解されなければ改革は進まないという認識をもつようになっていた。また、北川知事の考えは、「執行部と職員組合が水面下のなれ合いでやっていた」労使関係を変える必要を感じていたが、組合と真っ向から対立するようなやり方ではなく、「労使協調路線で変えていくこと」としていた（『生活者起点の

「行政革命」）。当局側には職員の改革への理解を得る必要があったことに加えて、当時、時間外勤務の縮減や職員満足度の向上といった労使共通の課題となりうる改革テーマに取り組まれていたという事情もあった。

職員労働組合側でも、一九九九年四月の知事選挙では北川を推薦しており、先に述べたように、改革の流れに対してより主体的に関わって「元気な県庁づくり」に取り組むという方向に転じていた。これが、労使の協議の場が必要という労使共通の考えになって、一九九九年の春頃からは、総務局との「労使懇談会のようなもの」が開かれるようになった。一九九九年秋の定期大会では、労使協働委員会の立ち上げの方向を決定し、「労使懇談会のようなもの」が中央段階での労使協働の試行的な協議の場となった。さらに二〇〇〇年三月二一日に開かれた中央委員会では、より具体的に「労使協働委員会（仮称）」の立ち上げを決定した。

このような経緯を経て、二〇〇〇年五月三〇日には、三重県と三重県職員労働組合によって、全国初の「労使協働委員会」が正式に立ち上げられ、「共同アピール」が発表された。

その後、労使協働委員会は、中央労使協働委員会、部局・県民局労使協働委員会、職場労使協働委員会の三階層を基本に構築されていった（図表5．2参照）。協議の議題は幅広く、労働条件や福利厚生に関係するものに限らず県政全般が議題になったのであるが、サービス残業の防止を含む「総勤務時間縮減」や、「職員満足度」などについては幅広く取り組まれた。

図表5.2　労使協働委員会の三層構造

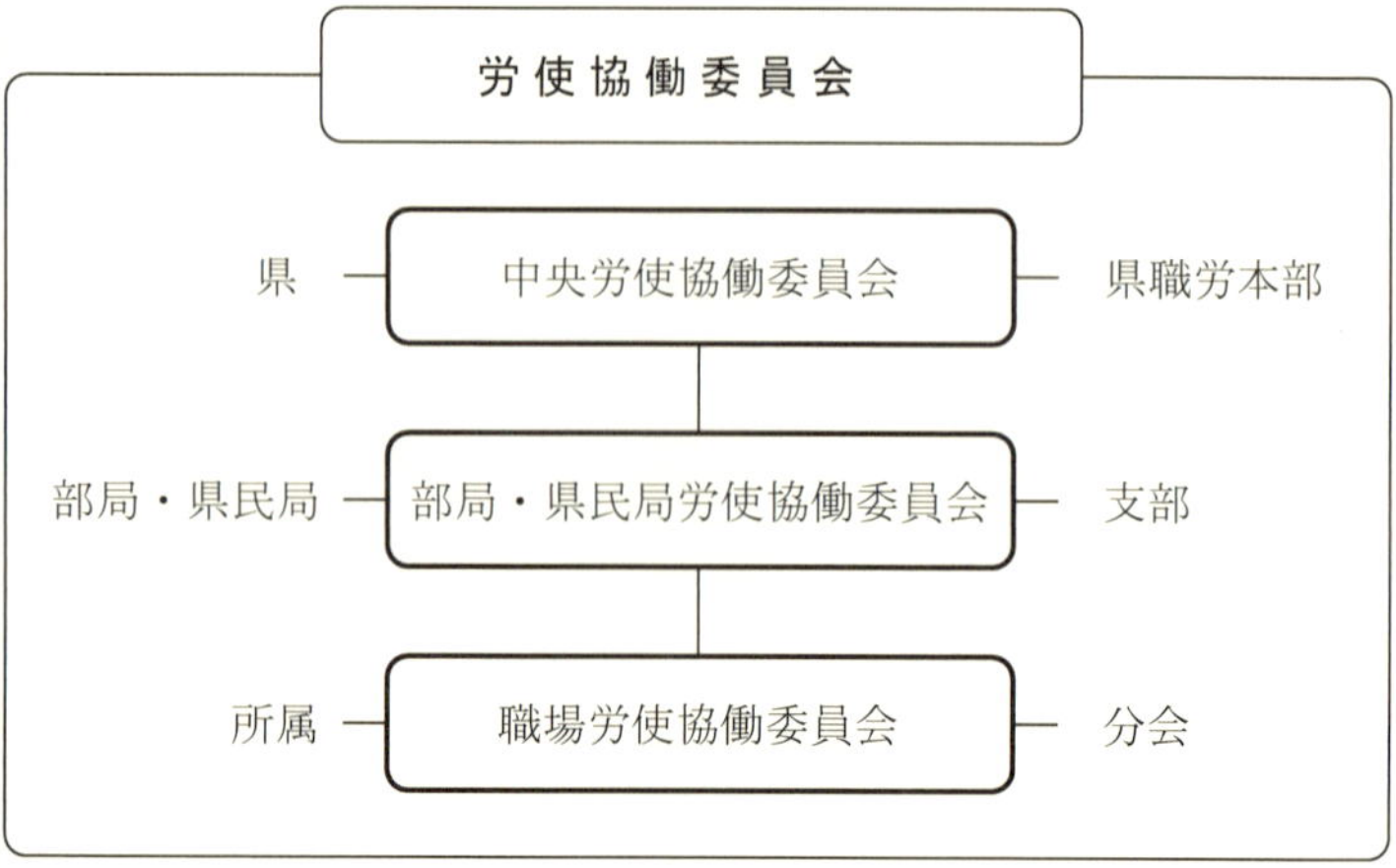

出典：奥山喜代司「新たな労使関係へ」

組合も職員も、結局は県民のために働く立場にある。三重県の改革も、生活者起点といい、県民が主役といっても、県庁を県民の役に立つように変えていくことがその目的であれば、執行部と組合はともに県民の方を向くべき組織である。総務と組合が無用の対立をしたり、密室でなれ合い的な交渉を行うことは論外である。労使協働は、県庁が県民のために働くための一つの方策であることは間違いなかろう。

(参考)

共　同　ア　ピ　ー　ル

時代は、IT 革命の進展を始めとして大きく変化しています。冷戦構造が崩壊し、政治や経済の新しい秩序を求める動きが活発になるなか、グローバリゼーションや情報化が著しい速度で進展し、大競争の時代を迎えています。

このような潮流の中、日本においても、価値観の多様化が進むとともに、社会のあらゆる分野で従来型のシステムの見直し（画一的・横並び型社会の見直し、官民の役割分担の明確化、規制緩和など）が行われています。

地方自治体においても、住民の価値観の多様化に対応し、公共サービスの受け手の立場に立った行政運営が求められており、本県では、「分権・自立」、「公開・参画」、「簡素・効率」といったキー・ワードに沿って、生活者起点の行政に取組んでいるところです。

私たちの労使関係も、ややもすると「対立・交渉・妥協」といった言葉で表現されがちな従来の関係から脱却し、双方が対等と信頼を基本としたパートナーとして、県民に対し説明責任を果たせる関係を創っていかなければなりません。

そのため、今回新たに「労使協働委員会」を設置し、労使それぞれが自立性を確保しつつ、対等の立場で、情報の共有を前提に、生活者起点のより良い県政の実現を目指して、勤務条件から政策議論に至る幅広い課題について、オープンで建設的な議論を行っていきます。

このような「緊張感ある協働」の場で、真摯な議論を行うことにより、県民満足度の向上を目指し、併せて、職員満足度の向上、すなわち働きがいのある職場、及び職場・家庭・地域で自己実現の図れる状況を創造し、県民から信頼される元気な県庁づくりに取り組んでまいります。

平成12年５月30日

三重県／三重県職員労働組合

第二部　三重の改革の意味するもの

――何を学ぶべきなのか――

第一部では、三重県の改革を時間の流れにそって見てきた。第二部では、三重県の改革の経験を、それぞれの自治体の改革にどう生かしたらよいのか考えてみる。

まず、第五章では、改革をいくつかの側面で切り分け、今の時点で振り返って自治体改革にとってどのような意義があったのかを考える。三重県の改革を改革のパーツごとに「後知恵」で評価してみようということだ。

自治体で初めての本格的な評価システムの導入は、三重県の改革のなかでもとくに注目を集めた。評価システム導入の意義については、章をあらためて第六章で考える。

最後に、第七章では、三重県の改革をふまえて、自治体改革の方向を考えてみたい。

第六章　三重の改革、その特徴と教訓
――「行革」と行政経営改革との違い――

北川県政、野呂県政を通じる三重県の行政改革は、それ以前の改革、いわゆる「行革」とどのように違うのだろうか。

「行革」とどう違うのか

従来の行革は、日本独特の「大部屋主義」を利用して行われてきた。日本の行政組織は、個々の職員に職務を割り当てるのではなく、課という組織単位に職務を割り当て、課長の裁量によってそれを個々の課員に分担させるという仕組みをとっている。空間的には、多数が大部屋に集って仕事をするような形態になる。これを称して大森彌（『官のシステム』）は、「大部屋主義」と呼んだ。

課の事務の総量は決っているのだから、課の人員を削られたり、予算を削減されたりすれば、個々の職員にとっては仕事が増えたり、つかえるお金が窮屈になったりする。つまり、部下からみれば、人や予算をとってくる課長が優秀で、予算や人員を削られるような課長は無能である。個別の事務事業に優先度を付けて資源配分を見直すようなことをすれば、大変な抵抗にあうことになる。一方で、横並びは受けいれやすい。組織全体の方針として、総人員を五年間で一割減らすとか、来年度予算は前年度の九〇％で組まなければならないとかが決れば、一律に削減をすることになる。削減が外的要因、たとえば国の行財政改革、によるものであれば、全庁方針には反対できない。すべての課が削減されるのであれば、部下は納得してくれる。

いったん削減が決れば、大部屋主義には柔軟性があり、課の中で、事務配分や予算配分を工夫して、削減を吸収するということになる。一般的には、予算や人員を減らせば、それによって生み出されるサービスも減るはずである。ところが、各課は通常なにがしかの余裕部分をもっていて、また、ＯＡ化などによる能率向上を工夫したりして対応するので、劇的にサービスに影響することは少ない。行革本部は、そういった余裕をはき出させ、工夫を引き出させることによって、コスト削減を図ってきた。もっともこれは、「余裕」部分や「工夫」の余地があってこそ可能であって、それをはき出させた後には、サービスに影響する。度重なる行革によって、「乾いた雑巾を絞る」ような状態になってしまった今日では、もはや通用しなくなった手法だと考えるべきである。

吉村裕之（『三重県の行政システムはどう変化したか』）は、田川県政下で行われた一九八五年の行政改革を分析しているが、現状改善指向型で、効率化・合理化の観点から減量経営をめざした改革であったとしている。また、民間活力の導入や現業部門の民間委託によって生み出した資源を、地域開発等に振り向けようとするものであったという。右肩上がりの時代には総じて「余裕」があり、それをはき出させて新たな行政需要に回したのが「行革」だったともいえる。この点でも、自治体の実質的予算規模が毎年減っていくような時代に通じる手法ではないことは明らかである。

これに対して、北川県政下で始った改革は、行政をシステム面からとらえ、「行政システム」を改革しようとするものであった。それまでの「改革」が、従前のシステムを温存しながら「改善」しようとしていたのに対して、北川県政以降の改革は、三重県の行政運営を根本から変えようとするものであったと理解される。

その背景には、吉村の指摘するように、地方自治体の行政システムに内外の環境変化がありそれへの対応を求められているという事情があるのだが、多くの自治体で改革に取り組まれながら、三重県ほど徹底した経営改革を行った地方自治体は少ない。三重県の場合は、同様に内外の環境変化にさらされている欧米のいわゆるニュー・パブリック・マネジメント（NPM）に学んだために、従来型を脱して、行政経営改革として取り組まれた。そのことが、他の自治体とは違った改革の道を歩むことになった。また、改革を担当した職員は、欧米のシステムを輸入するという姿勢はとらず、学んだことを参考にしながら、三重県で機能するシステムを自ら工夫し模索していったことにその特徴がある。

三重県がニュージーランド改革を視察した当時、ニュージーランドでは省庁の職員を劇的に減らした、ニュージーランドにできることが日本でできないわけがない、といった乱暴な議論がまかり通っていた。和田明子（『ニュージーランドの公的部門改革』）によると、「ニュージーランドの省庁再編は、『最も効果的に業務を遂行するにはどのような組織編成がよいか』が問題になっているのであって、決して職員や組織の数を減らすことが目的になっていない」し、減少した省庁の職員の多くはクラウン・エンティティ（日本でいえば独立行政法人のようなもの）や国有企業などに移ったにすぎない。実質的な職員数はそれほど減っていないのだ。そのうえ、調べてみると、人事の仕組みが根本的に違っていて、同じようなことが日本でできないことは明らかだった。ニュージーランドでは、ジョブがあればそれに必要な人員を雇い、ジョブが無くなれば解雇される、昇進は上級の職があいたらそれに応募することによって実現する、といった「公務員制度」になっていることがわかった。そもそも、NPMは英米法体系の国での試みであり、大陸法系の日本では、そのままでは適用困難なのである。したがって、英国やニュージーランドの改革から学ぶということは、どのような背景で何をねらいにどのような取組が行われたかを理解した上で、それを自らがおかれた状況に応用するということになる。

ニュージーランド改革から三重県が学んだのは、省庁の職員数を減らしたとか表面的なことではなく、効果的に業務を遂行するためにシステムの根本から見直したことなのであった。ニュージーランドを視察した総務部長はNPMの精神に学んだ徹底した改革を決意したが、「行政システム改革」という名称がその意気込みを表している。その中身は、ニュージーランドや英国などからの直輸入ではなく、庁内で深夜まで何回も議論を積み重ねて三重県で機能する改革手法を見出し、それをさらに議会や県民にぶつけて議論を積み重ねて開発した三重県型の改革であった。従来の日本の慣行にとらわれないで、しかも、国際的な動きを参考にしながら思い切って根本から変えていったことに三重県改革の基本的な意義がある。

トータルとしてのシステム改革

システム改革がなぜ必要なのだろうか。従来型の行革は基本的に「経費削減」の努力であるが、それでは「最少の経費で最大の効果を上げる」ことにはつながらない。今も歳出削減が叫ばれているが、税金の使い方をどのようにして効率化するかの議論が欠けている。事業仕分けは、効果の少ない事業をあぶり出し、廃止・改善させようというもので、その限りでは効率的な行政の実現に資するものだが、省庁の体質を効率的にするものでも、施策全体を効率的にするものでもない。国家公務員の給与が七・八％削減されることが決ったが、一般に賃金を一方的に下げると働きが悪くなる。サービスの低下につながらないという保証はない。

いま求められているのは、行政組織そのものの体質を変え、効率的な行政運営を実現することである。三重県改革は、組織全体の効率を高めようとしたものであり、そのために行政システムの根本から変えようとした。行政を動かしているシステムそのものから変えていこうということになると、それは個別の仕組みの改善にはとどまらなかった。

図表6.1　システム統合のイメージ～新しい仕組みと従来の仕組みの関係～

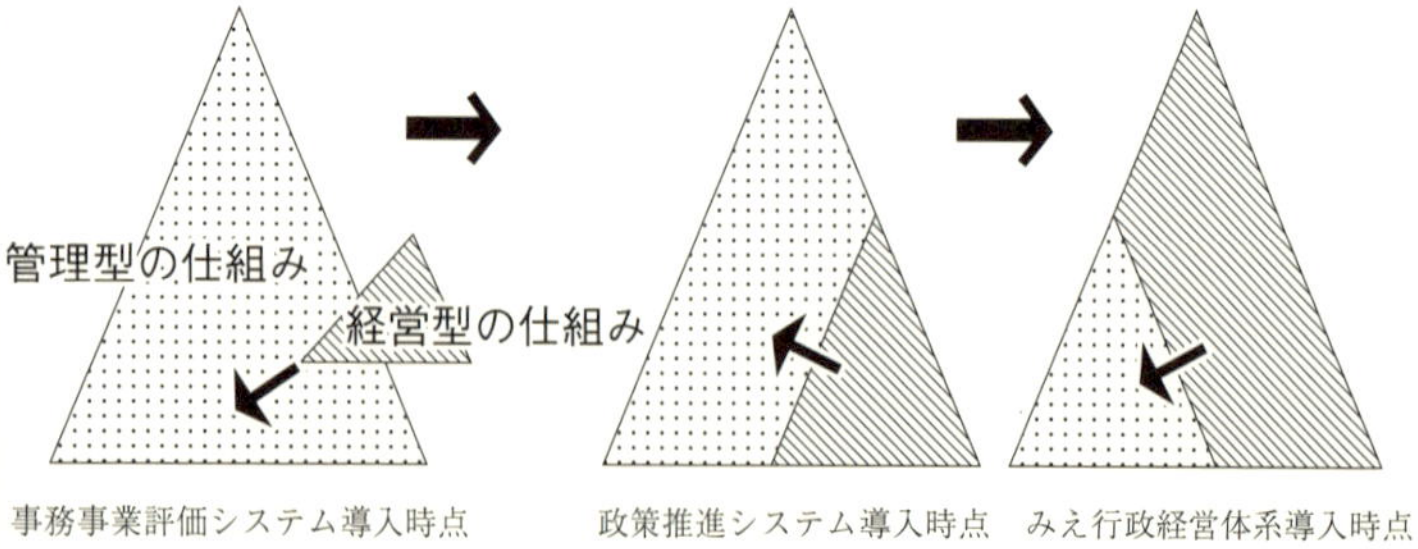

出典：筆者作成

組織は、さまざまな制度とそれを支えている組織文化が複雑に絡み合って、ひとつのシステム（体系）として有機的に機能している。われわれが通常システムと呼ぶもの、たとえば人事システムとか予算編成システムとかは、組織という全体システムを構成するサブ・システムにすぎない。したがって、個別のサブ・システムを改革したり、たとえば評価システムのように新しいサブ・システムを導入しただけでは、従来からのシステムとの摩擦をおこすだけで、根本を変えることはできない。

三重県の改革は、新しいシステムの導入と、システム統合の歴史となった（図表6．1参照）。一九九六年度から事務事業評価システムが本格導入されたが、従来からの管理型のシステムの中に経営型の仕組みが単体で持ち込まれたもので、県庁全体のシステムとしては「木に竹を接いだ」ような状態だったといえよう。その不安定感が、さらなる改革の原動力となった。一九九八年度からは「行政システム改革」が進められ、「ニュー・パブリック・マネジメント型」の改革を目指して二十一項目の改革が進められた。これによって部分的には経営型に置き換わったが、県庁全体のシステムとしてみれば、従来型を基本に運営されていた。

そして、二〇〇二年度からは、政策推進システムが導入されたが、これは、総合計画を基軸に、評価システム、予算編成システム、組織機構、県政報告を一体とした「統合型」のシステムを意図していた。これの導入によって、経営の根幹をなすシステムは、新しいものに置き換わったといえよう。さらに、二〇〇四年度から導入された「みえ行政経営体系」では、県庁全体のシステムを同体系の枠組みで動かしていくとされていて、より統合的なシステム、一体的なシステムを意図している。新しい経営システムを基本として、三重県庁全体が運営される段階に到達したといえよう。

このように組織全体をにらんだ総合的な改革を進めたことが、三重県改革の特徴の一つである。三重県の改革から学ぶべきことは、事務事業評価システムなど単体の仕組みではなく、総合的な改革の進め方である。

新しいタイプの総合計画

三重県の改革は、総合計画を改革ツールとして活用したところに、従来の行革とは違った新しさがあった。当時は、行革は総務部門の仕事である、企画部門はむしろ、行革でしぼんだ夢をふくらませる役割だという認識が一般的であった。三重県では、総務部門、企画部門が連携して経営改革を進め、総合計画が改革ツールとしての役割を担った。

三重県のシステム改革が評価システムを中心に進められたことは確かだが、一方で総合計画が基軸としての役割を果たした。事務事業評価システムの導入以来一貫して、評価のよりどころは総合計画にもとめられてきた。また、県政のめざすものは総合計画に示されているということで、総合計画を基軸にシステム統合が進められ、政策推進システムでは、そのねらいの一つに「総合計画を基軸とした県政運営」が明記された。

三重県のシステム改革の基本的なアイデアは、評価システムを媒介に、総合計画と資源配分を結び付けようというものである（図表2．2参照）。行政経営システムの基本を構成しているのは、総合計画、予算編成システム、評価システムの三つのサブ・システムである。

このような経営システムにおける総合計画は、従来のものとは、その性質を異にしている。従来の計画行政は、「社会主義的な、社会工学的なイデオロギーの基盤をも」ち、「社会経済状況は、政策当局の介入、関与により決定的に影響され、コントロールされうるという信念」にもとづいていたとされる（古川俊一「ガバナンスによる変容を遂げる計画行政と経営」）。一部の論者は、このような性格を嫌って、総合計画をもとに評価するという三重県の仕組みを批判したことがあるが、経営システムに組み込もうとした時点から、三重県の総合計画は変質を始めていたと言える。「三重のくにづくり宣言」が新しかったのは、まさにその変質があったからであろう。

このように変質した総合計画は、「戦略計画」としての性質をもつようになったといえる。「戦略計画」とは、戦略経営の一環をなすもので、組織全体のミッションとビジョンを明らかにし、主な目標と目的を決め、それによって組織全体が中長期にわたって統一的・整合的に活動していく役割をもった計画である（ポイスター『Measuring performance in public and nonprofit organizations』）。三重県の総合計画は、組織にミッションやビジョンと戦略を与え（図表3．2参照）、経営システムの一環を担っている戦略計画である。

行政経営改革を進めるためには、総合計画を戦略計画として策定し、それを評価システムや予算編成システムと関連づける必要がある。

査定から調整へ――部局に委ねる新しい予算編成

さまざまな地方自治体の改革を聞くが、予算編成のやり方を変えた例は少ない。改革に熱心な自治体においても、予算編成については、従来の方式を余り変えていないことが多い。筆者の知るのは、西寺雅也市長の主導した多治見市の改革である。同市長は、総合計画をマニフェスト実現のための計画ととらえるとともに、予算編成を計画とリンクさせ、政策予算の査定権限を企画部門にもたせた（西寺雅也『自律自治体の形成』）。

自治体の運営では、伝統的に予算編成が重視されてきた。自治体が実際に何をし、何をしないかの判断は、予算の編成を通じてなされるからである。予算は、自治体がどのようなサービスを提供しその経費をどのように負担するかを決めるもので、自治体の「全政策の貨幣による表現」（山口二郎『大蔵官僚支配の終焉』）である。それをどのように決めていくのか、つまり予算編成過程は、自治体経営の根幹をなすものであり、従来の予算編成システムを温存することを前提としては、根本的な改革はできない。

三重県の予算編成システムは、行政システム改革で一九九九年度当初予算から「優先順位方式」が採用され、政策推進システムでは、二〇〇二年度当初予算から「包括配分方式」が導入された（第一章、第二章参照）。それは、庁内権力の中枢の仕組みに手を付けたということをも意味し、職員に改革を受けいれさせるためにも必要であった。従来の行革は、総務部門が担当し、自らは身を切ることなく各部門に経費・人員の削減を迫るものであったが、これでは、職員は納得しないであろう。他人《ひと》は変えられないが自分は変えられる、という「改革ことわざ」が示しているのは、経営中枢から改革することの必要性である。職員にとっては非常に大きな意味を持っている予算編成について、総務部財政課の査定権に手を付けたことは、従前の行革にはみられない大きな意味を与えている。

では、地方自治体の予算は、通常どうやってつくられるのだろうか。従前の三重県での予算編成の仕方を説明しておかないと、改革の意味はよくわからないだろう。

予算編成の基本的な制度は、地方自治法に定められている。予算は、地方自治体の長（知事、市町村長）がつくって、年度開始の二十日前（都道府県と政令指定都市は三十日前）までに議会に提出し、年度開始前に議会の議決を経なければならない。予算の編成権および議会への提出権限は、知事・市町村長に専属していると解されている。

もちろん知事や市町村長自らが予算をつくるのではなくて、組織的につくるのだが、その具体的な編成方法は、各自治体の規則（執行機関の自治立法）で定められており、三重県の場合は、「三重県予算調製及び執行規則」に従って予算編成が行われる。この規則では、次のような手順で予算編成が行われることになっている。

○総務部長が、知事の命を受けて、予算調製方針を決定する。

○各部長は予算調製方針に基づき、所管の事務について、予算を見積り総務部長に提出する。

○予算調整室長は、見積書を調査して意見（査定案）をつくり、それを総務部長の審査を経て最終的に知事が査定して、予算となる。

実際に多くの自治体でとられている予算編成の方法は、まず財政課（ここでは財政を担当する部署の意味で使う、実際の名称は三重県の場合は予算調整室）[注1]が予算の枠組みをつくり、各部局に対前年度で何％と要求上限（シーリング）を示す。事業部局はこの要求上限内で予算を要求し、財政課が査定で要求額を値切って予算を編成している。事業部局側は少しでも予算を獲得しようとし、財政課は少しでも削ろうとする。事業部局と財政課が一種の役割分担ゲームを演じることによって、妥当なところに落ち着かせようとする仕組みである。このような財政課による「査定方式」が、多くの自治体で取られている予算編成方式であり、三重県でも一九九八年度当初予算までこの方法で編成されていた。

この方式の問題点は、いくつかあるが、要求された予算が必要かどうか、必要であればいくら計上するのが妥当であるかは、財政課が決める。右肩上がりの時代には、新規事業に予算を付けるかどうかの判断を財政部門に任せるのがあるいは妥当であったかもしれないが、現在は、財源がないので事業を削らなければならない時代だ。限られた財源でどのサービスを優先すべきかは、利用者により近い事業部門の方がより適切に判断できるのではなかろうか。

従来方式では、ある事業になぜ予算が付かなかったのかについて、査定した財政部門は対外的に一切説明しなかった。議会などでは、要求した事業部門が説明していた。査定官が直接外部の批判に曝されるようでは査定方式が成り立たないからであるが、住民に対する説明責任の点で不適切であり、すなわち査定方式は財政民主主義の点で問題がある。

予算偏重、インプット重視に陥りやすいという欠点もある。予算の時には、時間をかけて、事業効果がある、いやない、と議論するが、いったん予算が付いてしまえば、執行するだけで効果の測定さえもされない。議会や県民の要望に対しては、予算を付けましたと説明して終りである。決算は、予算どおり、法規どおりに予算執行しましたと説明するだけであった。新規事業は厳しく査定されるが、いったん予算の付いた継続事業はあまり議論されない。効果測定がされないこととあいまって、効果の少ない事業もずるずると継続することになる。

これに対して、三重県の予算編成方式では、優先度判断は事業部門が行う。そしてその判断について責任を負うのも、事業部門である。執行後に、成果を測定して報告し、決算認定を受けるのも、事業部門の責任で行う。

予算を組んだ判断が正しかったかどうか、県民の役に立ったかどうかの説明責任を果たすのは、各部局が議会に対して説明することによって行われる。つまり、各総括室長（総括マネージャー）は、総合計画に定められた施策を遂行する責任をもっており、事業執行の結果どのような成果を上げ、どのような課題が残っているのかを施策評価し、「県政報告書」として公表するとともに、議会で説明し、調査を受けることになっている。決算認定のために議会に提出される資料では、お金の使い方だけではなく、どのような成果があったかが説明されている。監査も、行政評価として行われるので、厳しく問題点が指摘され、その指摘に対しては議会での調査も受けることになっている。議会や監査と緊張感のある関係を保っていることが、包括配分方式の予算編成を支えている。

個々の事業間の優先度判断や執行結果については事業部門が負うことがよいとしても、全体の予算編成について責任を持つのは財政課である。つまり県庁全体の財政資源の配分が戦略的に整合性、一貫性をもっているか、それぞれの部署に配分された財源が効率的に使われ投入に比較して大きな成果が期待できるか、等々についての説明責任は、財政当局にある。この責任を果たすために、財政当局は、見積書を徴して査定を行ってきた。これにかわるものとしては、「成果の確認と検証」というプロセスで事後チェックされることになった。つまり、優先度判断が妥当で、事業効果をあげることができたかどうかは、一義的には配分を受けた部局が事後に評価し、議会や県民に説明している。財政当局は、それの検証をしていることになっている。

包括配分方式には、大きな問題点が二つ残っている。

第一に、このプロセスでチェック機能が十分働いているかという疑問がある。財政当局は「査定」技術についてはは積み上げてきたものの、評価情報の検証技術は未熟で、財政当局のチェックが働いて効果の低い事業が廃止されているという証拠はない。前年度予算をベースに包括配分されているが、その妥当性についても検証されていない。枠内での要求は、財政当局のチェックが十分はたらかず聖域化してしまっている。

第二に、管理職員、とくに部局のトップである部長職のマネジメント能力に依存した仕組みになっているが、一般に、職員が出世したのは昔の功績が認められたからであり、その成功体験から抜け出せない。部下任せや、昔の勘と経験に頼るやり方に慣れている一方で、下部組織を動かして成果を引き出すようなマネジメントには慣れていない管理職員が多いなかで、資源配分のリーダーシップは発揮されないおそれがある。優先度表などもつくられていないので、経営管理者としての優先度判断がされているのかどうかも疑わしい。

このように今後改善すべき課題は残っているが、従来の査定方式と比較すれば、何歩も進んだ仕組みになっている。三重県が事務事業評価システムを導入した一九九六年当時、事務事業の数は約三千三百本といわれたが、千七百本程度に減った。評価システムの導入が事業の廃止につながったとされるが、目に見えて事業本数が減りだしたのは、予算編成の仕方を変えてからである。部局に判断を委ねた結果、自らの手で事業を廃止したのだ。(注2)

組織機構の改革──三重県型フラット化の意味

三重県の改革では、課長も係長もいなくなるという階層制の大改革が行われた。行政システム改革では、その一環として一九九八年度から組織機構の改革が行われた。その目玉の一つが「グループ制」の導入であった。それまでの係制は廃止され、つまり係長という職は三重県庁から消えた。政策推進システムの導入の一環として、二〇〇二年度には、課制を廃止して「チーム制」とし、各チームに一人のマネージャーが置かれた。かくして、課長という職も三重県庁から消えるという、かつての行革では考えられない組織機構の改革が行われた。この大改革は「フラット化」と称されたが、三重県の階層は果たしてフラットになったのだろうか。

フラット化とは一般に、管理監督者一人あたりの部下の数（span of control ＝管理の幅）を増やすことによって階層を低くし、組織の総員を減らすことをいう。つまり、実際に仕事する職員の数が同じであれば、管理職が少ない方が効率的だという発想である。どのようにして管理の幅を広げて管理職を減らすかといえば、部下の行動を監視するやり方から成果で監視するやり方に変えることによる。組織の目標さえ達成すれば、その方法は部下にできるだけ任せるということになり、これが目標による管理である。本来リストラクチャーとはこのようなフラット化を意味し、単純な人員整理のことではない。

三重県の場合は、このような意味で階層が低くなったわけではない。廃止された次長職、補佐職は、部長、課長の補助的な管理者であるので、本来の階層は、〔部長～課長～係長～係〕という比較的シンプルなものであった。改革後の階層は、〔部長～総括マネージャー～マネージャー～グループリーダー～グループ〕であるから、階層は減っていない。野呂県政下で、カタカナの職名を改めるとともに、グループリーダーにかえて副室長をおいて監督者としての位置づけを明確にしたので、現在は、〔部長～総括室長～室長～副室長～グループ〕となっているが、組織の組立ては、北川県政を踏襲している（図表6．2参照）。

三重県のフラット化とは、むしろ柔軟で迅速な意思決定をめざしたものと理解できる。当時、次長級の審議監、課長級の○○監、補佐級の主幹、係長級の主査といったいわゆる中二階的な職制が増えていたこともあって、決裁系統、つまり指揮命令系統は複雑で長くなっていた。マネージャー制の導入は、これらのいわゆるスタッフ職もラインに組み込んで、決裁系統はシンプルになり、したがって、責任の所在も明確になった。『地域政策』（二〇〇二年秋号）はその目次裏に、従来二十六個の決裁印

図表6.2　三重県の組織階層の変遷

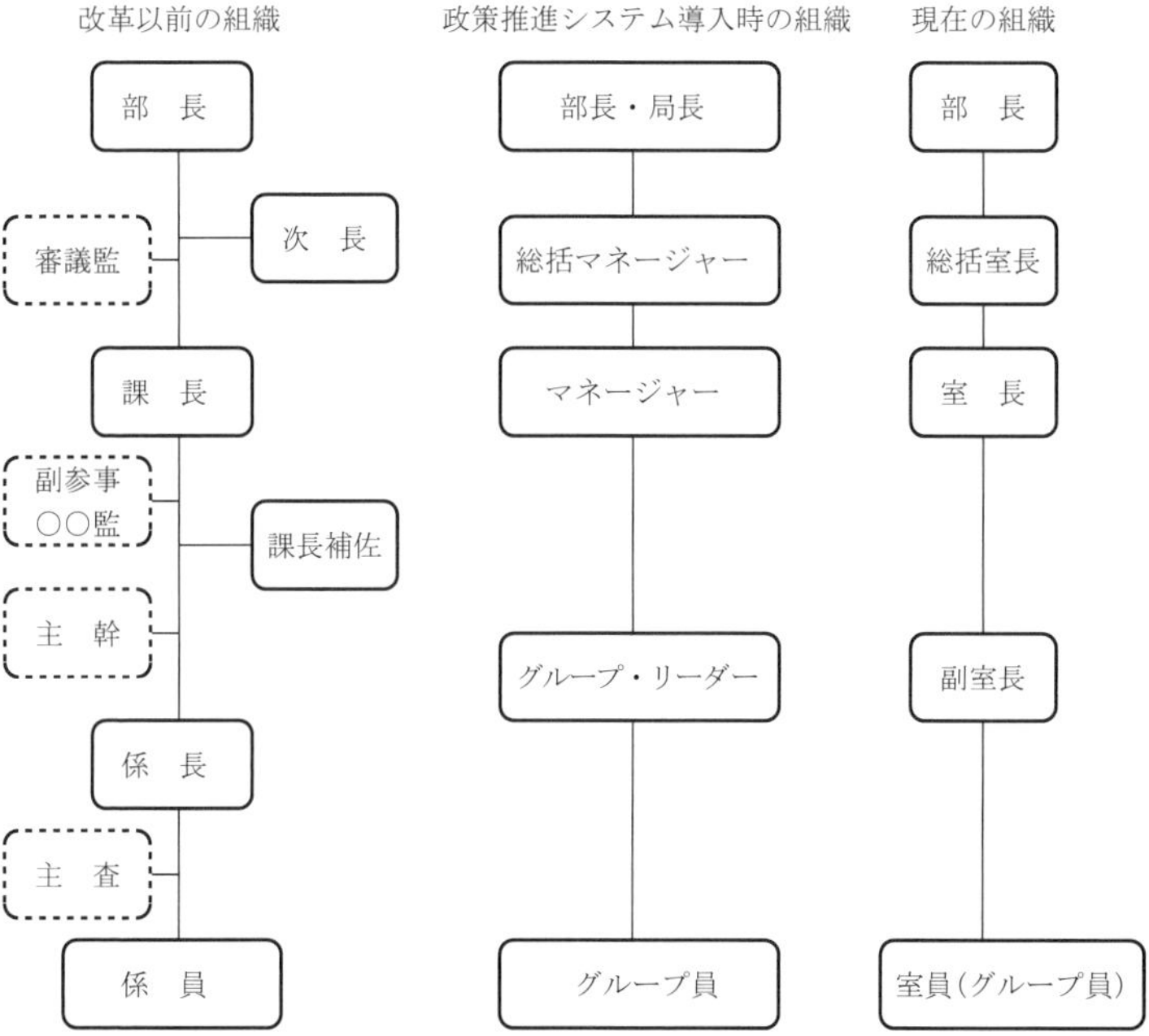

出典：筆者作成

を要した起案（中小企業高度化資金の貸付決定）が、政策推進システムによる組織運営改革によって、四つの決裁印で済むようになったという事例を、起案用紙の写真付きで紹介している。公式の機構としての階層はフラットになっていないが、実際の指揮命令系統でみれば確かにフラットになっている。

三重県の組織改革には、もう一つ重要な効果があった。もともとの管理職は、自ら仕事しない。部下から上がってくる決裁に対して裁可を与えるのがその職務である。これが、日本の官僚制独特の「稟議制」といわれるものであるが、要するに「決裁待ち」であって、仕事をしていない。（ちなみに、三重県では「決裁」と言い「稟議」とは言わない。筆者は稟議という言葉を民間の方から聞いた。つまり民間も「稟議制」の「日本型官僚制」をとっている。）中間の管理職は、最終決裁者と意見が違うのであれば途中の判断は最終的に覆る、つまり部下にとっては邪魔な存在であり、意見が同じであれば無用な存在である。処遇としての意味でやたらに中二階をおくことは、非効率を生むばかりか、貴重な人材の能力を生かしていなかった。これら中二階や補佐職を廃するとともに、管理職それぞれの責任を明確にして経営管理者として位置づけ、人的な経営資源として動員できた。職員の働き方は確実に変った。「決裁待ち」の管理職はいなくなり、昔でいえば係長にあたる副室長も業務を分担し、決裁経路は短くなった。これが、三重県型「フラット化」の意味である。

このフラット化にともない階層制の一角が崩れて、上司と部下の関係も変わった。階層制の上下の関係を強調せずに上司はマネジメントをするという役割分担を強調したため、またフロアの改革によって窓際の配置をなくして一つの「島」に一緒にすわるようにしたため[注3]、さらには職場を離れて忌憚なく議論するオフサイトミーティングを取り入れたために、たいへん風通しの良い職場環境が生まれた。これが仕事の仕方を柔軟にし、組織の壁も低くなった。

「効率的で信頼性の高いアウトプットを生み出す組織の基本モデルは今でもやはり官僚制組織」である（沼上幹『組織戦略の考え方』）が、官僚制にはさまざまな問題があり「いろいろな組織設計上の工夫」が必要なことも事実である。三重県型「フラット化」は、そのような工夫の一つとして日本型組織改革のモデルを提供している。

諸先進諸国の行政経営改革では、官僚制の諸問題に対してどのように対処したらよいかが中心的課題になっているにもかかわらず、日本の行革では模索さえされていない。三重県の改革が、日本型モデルの一つになるのではなかろうか。

三重県改革の成果

ところで、三重県の改革には効果があったのだろうか。また、どのような効果があったのだろうか。改革一般にいえることだが、その効果の測定は困難である。そのために、改革のねらいや目的が、あたかも成果であるように言われることが多い。三重県の改革においても、県民にとっての成果を把握して施策の改善を図ったというようなとらえ方がされているが、実際に改善されたのか、その改善は改革の結果なのかについては、はっきりした証拠があるわけではない。

一連の改革によって、約三千三百あった事業が、千七百程度に減ったことは間違いない。事業数をどう数えるかはあいまいで、事業を統合したようなケースもなかにはあったかもしれないが、事業が大幅に減ったことは確かだ。事業選択が、各事業部局の優先度判断にもとづいて行われたことも確かで、かつての三重県政では考えられなかったことが起こったのは確かだ。それによって県民生活に深刻な影響を及ぼしたという話は聞かないから、財政資源の効率化が図られたと判断してもよいだろう。

改革前の三重県は、何事につけても中位の県で、可もなく不可もなく、ほぼ国の政策を忠実に実行してきた地味な印象の県だった。改革後、全国でも上位にランキングされることが多くなった。（株）日本格付研究所は、現在地方債は国の地方財政計画により財源保障されているが今後国による信用補完のあり方が見直されて個々の地方自治体の償還能力に重点をおいた信用リスク判断になる可能性があるとの認識から、一九九七年度決算をもとに四七都道府県の財政力比較を行い、その結果を一九九九年五月に発表した。主要財政指標を分析した総合判断では、三重県の財政力は、全国四位で「やや強い」とされた。

二〇〇四年発行の樺島秀吉『採点！　47都道府県政』では、財政の自立度・弾力性・健全性、情報公開度、説明責任、消費者の重視度、改革実現性、知事の選挙の強さという八つの指標を使って、都道府県の現状を採点している。三重県は57点満点中48点を獲得、樺島はあくまで試算であると断ってはいるが、鳥取県と同点の全国一位である。客観的な数値での評価で高ランキングであることは、三重県政の進展があったことを示している。

人事交流で、滋賀県や和歌山県の職員と一緒に仕事するような機会もあったが、自分たちの県庁とは全く違う、と口を揃えて言っていた。違うとされたのは上司と部下で、あるいは他の部署の担当者と、卒直かつ建設的に議論ができることで、いわゆる「風通しの良さ」だ。私が退職したときの三重県庁は、入庁した頃の県庁とは全く違っていた。一九七二年四月に入庁したその一二月に、田川県政がスタートした。それへの批判を掲げた北川県政が誕生して以来、それまでの県政とはまったく変わってしまった。以前の県庁がどのようなものであったかさえも思い出せないほどの変わりようであったが、後戻りできない変化が生じたことも確かだろう。

まことに主観的で恐縮であるが、三重県政には、一種の底力のようなものが付いたのではないかと感じている。二〇〇一年からの小泉改革で、地方財政はずいぶん絞られた。緊縮財政のなかで、政策経費の包括配分は、対前年度七〇％、翌年には八〇％というような指示が続いた。つまり二年間で約半分になった。ほとんど予算編成ができないほどの縮減のなかでも、筆者のみる限りでは、黙々と、何とか県民サービスを続けていた。マネジメント能力のようなものが、全庁に行き渡ったと言ってよいだろうか。

注

（1）二〇一二年四月から「総務部財政課」の名称が復活した。
（2）事業本数は、二〇〇七年度予算では千七百九十一本、二〇〇八年度予算では千七百九十二本と発表されている。その後千九百本くらいにまた増えたらしく、二〇一一年度の全体事業数は千九百二十三とされている。予算編成システムのさらなる改革が求められているのではなかろうか。
（3）最近窓際の席が復活したようだ。上役であることを強調しないと管理者としての仕事ができないのであれば、マネジャーとしては無能である。

第七章　評価システムが経営改革に果たした役割

評価システムを梃子にしたシステム統合

三重県の改革は、評価システムの導入によって全国的に注目を集めるようになった。組織的に評価システムを導入したのは、日本の地方自治体ではなんと三重県が一番早かったそうだ。そして、北川改革は評価システムを核に進められた。章をあらためて、評価システム導入の意義について考えてみよう。

三重県の評価システムの推移をもう一度振り返っておこう。北川県政の第一期では、「さわやか運動」という職員の意識改革運動の一環として、「事務事業評価システム」が一九九六年度から導入された。第二期では、「みえ政策評価システム」を核にして総合計画と予算編成をリンクさせた「政策推進システム」が、二〇〇二年度から導入された。そして、野呂県政においては、「みえ行政経営体系」が導入され、評価システムを一構成部品とする統合システムによって県政を運営することになった。

前章において三重県の改革はシステム統合の歴史であったと述べたが、評価システムは、その中で常に重要な役割を担わされた。このようにしてみると、三重県の改革は、評価システムの導入を梃子にした統合的なシステム構築の歴史ともいえる。

評価システムが三重県の改革に大きな役割を果たしたことは間違いないだろう。では、評価システムは改革にどのような役割を果たしたのであろうか。また、一般的に評価システムは、行政経営の改革を進めるうえで、どのような役割が期待されるのであろうか。

日本型行政評価

日本では、一九九六年に三重県が事務事業評価システムを導入したのが、行政における本格的な評価システムの始りとされるが、この時期には、静岡県では、「一九九七年に……職員研修に使われていた『業務棚卸表』の概念を行政評価に援用した」（島田晴雄ほか『行政評価』）。また、「北海道では、九七年、『時のアセスメント』という施策の再評価システムの構築が試みられた」（同）。こうした動きが、折からの改革ブームにのって大きな注目を集め、地方自治体での行政評価の導入が相次いだが、その導入の際に参考にしたのは、三重県の事務事業評価システムであった。

三重県の改革は、「一九九八年から九九年頃に政策評価（行政評価）の導入を試みた自治体のほとんどが三重県庁の視察調査に行くほどの影響力を」もち、「三重県版の事務事業評価」が評価システムの「プロトタイプ」とみなされ、「三重県の取り組みはその後、都道府県・市町村における『評価システム』に強い影響を及ぼすことになった。……その後これをまねる自治体が増えたのである」（山谷清志『政策評価の実践とその課題』）。

三重県の事務事業評価システムが、一つの標準形として参照されることになったのだが、それは、評価理論では、「業績測定」に分類される。行政評価とは、たとえば「行政機関が主体となって、ある統一された目的や視点のもとに行政活動を評価し、その成果を行政運営の改善につなげていくこと、さらにそれを制度化して、行政活動のなかにシステムとして組み込んで実施すること」である（島田ほか前掲）と定義されるように、たいへん幅広い概念であるが、日本で一般に「行政評価」とよばれるものは業績測定を指すことになった。本書でいう「評価システム」も、業績測定システムである。

行政評価についての基本的な理解

論を先に進める前に、行政評価（業績測定）について、基本的な事柄を整理しておこう。

一般に行政で行われる評価の手法は、

○政策分析（policy analysis）
○プログラム評価（program evaluation）
○業績測定（performance measurement）

の三つの類型に整理できる。

政策分析とは、政策を実施する前に、効果があるのかどうかを分析的に評価する手法である。プログラム評価とは、政策を実施した後、ねらいどおりの効果があったかどうかを分析的に評価する手法である。

業績測定は、「サービスあるいはプログラム（施策）のアウトカム（成果）や効率を定期的に測定すること」（ハトリー『政策評価入門』）とか、「政策がいかに機能しているかについて指標を用いて明らかにし、レポートすること」（窪田好男『日本型政策評価としての事務事業評価』）などと定義される。あらかじめ指標を設定しておいて、その達成度合でもって評価しようとするのが業績測定である。他の評価手法にくらべて、簡便でコストが低いこと、そのため網羅的に適用するのに適しているといったことが特徴となっている。

業績測定のシステムは、通常、「インプット・アウトプット・モデル」を想定して設計され、主に、有効性と効率性に着目して、評価が行われる。「インプット・アウトプット・モデル」とは、たとえば、図表7．1のように表される。行政組織は、社会に発生した問題に対して一定のニーズを把握し、目標を設定して施策（プログラム）を実行する。それは、一定の資源を投入（インプット）して活動を行い、財やサービスを産出（アウトプット）する。成果（アウトカム）は、アウトプットが社会の問題解決に役立ったのかどうかで判断される。インプットは「財・サービスを生産するのに使用される資

図表7.1　インプット・アウトプット・モデル

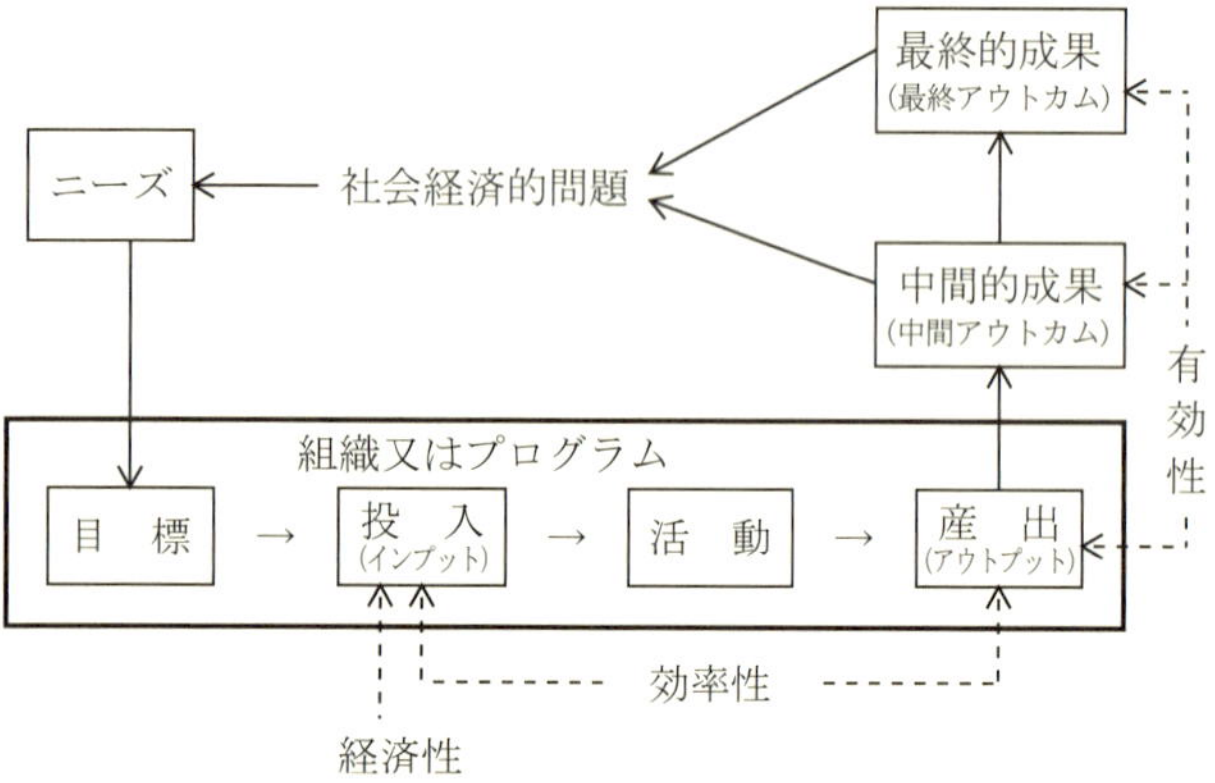

出典：ポリットとブッケールト『Public management reform: a comparative analysi』および古川俊一・北大路信郷『新版・公共部門評価の理論と実際』から筆者修正

源」、アウトプットは「省庁（またはその他の機関）が産出する財・サービス」、アウトカムは「アウトプットが社会に与える影響・効果」と定義される（和田明子『ニュージーランドの公的部門改革』の紹介するニュージーランド法における定義）。

今度はインプット、アウトプット、アウトカムと評価の関係を整理すると、経済性（Economy）とは、「投入のロスを最小限に抑えること」で、効率性（Efficiency）とは、「アウトプットの極大化を図ること」であり、有効性（Effectiveness）とは、「アウトプットを通じてアウトカムを改善すること」である（大住莊四郎『ニュー・パブリック・マネジメント』）。この三つの英語の頭文字をとって、「3E」といわれる。この3Eのうち、有効性が一番重要で、次いで効率性、最後に経済性といわれる。

ハトリー（前掲）によると、業績測定は、「論理モ

図表7.2　高齢者向けの交通安全講習会の論理モデル

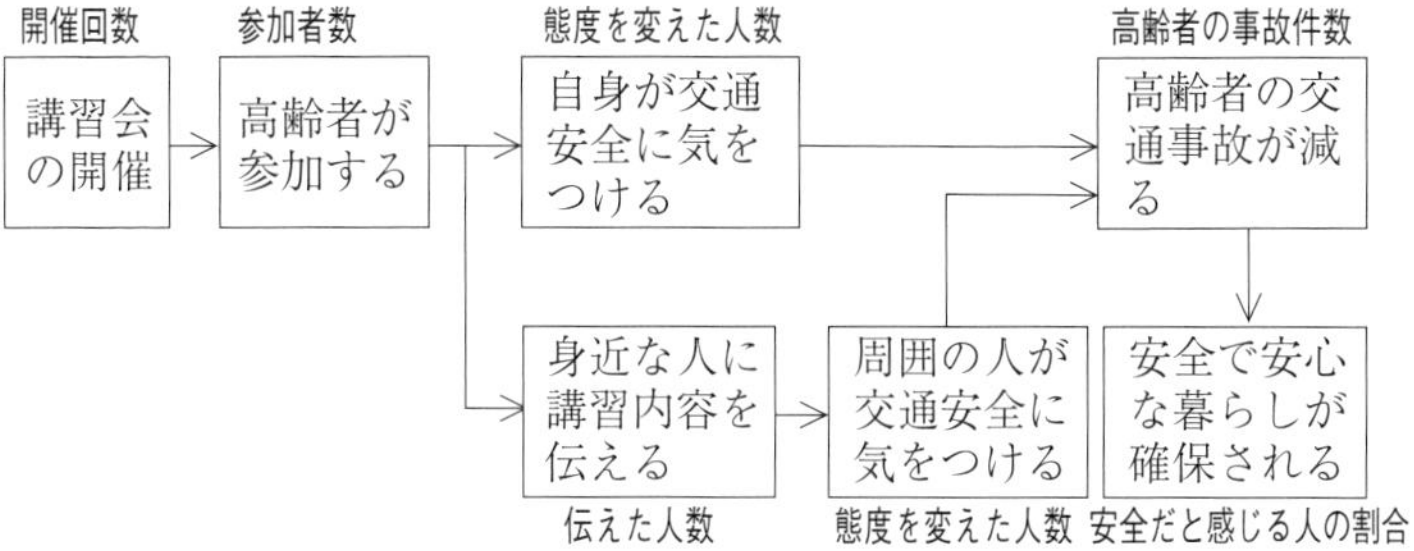

出典：ハトリー『政策評価入門』を参考に筆者作成

デル」にそって行われる。論理モデルとは、事業の実施による効果発現の因果関係を流れ図で表したものである。図表7．2は、ハトリー（前掲）所収のものを参考に、高齢者のための交通安全講習会を開くという施策を想定して作った論理モデルの例である。

次に論理モデルにそって、指標を設定していく。図表では、四角で囲んだのが効果が発現する過程であり、そのそれぞれを測定するための指標をおいていく。四角の外側のゴシックが指標であり、それを測定することによって、所期の成果が現れているかどうかを判断することになる。

図表を例にとれば、講習会を開き、多数の高齢者が参加し、夜間の外出には反射材を身に着ける必要があることを訴えた。ところが、反射材を身に着けるようになった高齢者が僅かだったとしたら、この事業は十分な効果をあげることができなかったことが分かる。その理由を探り、改善することになる。

行政経営改革は評価システムの導入から？

三重県で事務事業評価システムが導入された経緯は、第一章で紹介したとおり、知事と行革担当者のやり取りの中でオズボーンとゲブラーの『行政革命』のイメージが共有され、日本能率協会の提案によって「事務事業評価システム」を核にした改革に着手された。それが、さわやか運動だった。三重県の行政改革ではまっさきに事務事業評価システムに取り組まれ、その後も評価システムを核にして改革が展開されたのであった。したがって、三重県において、評価システムの導入が改革の端緒として重要な役割を果たしたことは確かである。また、その後の展開をみても、評価システムの導入を契機に改革の課題が明らかになり、広い範囲に及ぶ行政経営改革が進められることとなった。

たぶん三重県の影響であろうが、事務事業評価システムの導入から入るという自治体改革の型ができているようだ。かつては、評価システムの導入こそが改革だと考えている自治体さえあった。しかし、評価システムの導入を手始めに行政改革に取り組むというのは、確かに選択肢の一つではあっても、あくまでもその一つにすぎない。

一般的に、改革は評価システムの導入から始めるのが「ベスト」な選択かというと、必ずしもそうではないように思われる。三重県の場合、評価システムに対して職員の根強い抵抗があった。みえ行政経営体系に位置づけられている仕組み（図表3．1参照）の中で、職員に「受け」がよかったのは

「率先実行取組」だった。率先実行取組は職場単位で行われ、すべての職員が参加するので、組織全体で改革を進めるうえでは利点になる。率先実行取組からスタートするのも一案であろう。もっとも、率先実行取組も一種の評価システムであるから、これも評価から入るスタイルに分類されるのかもしれない。ただし、施策・事業の評価から入るのではなくて、組織の業績評価から入ることになる。

評価システムの導入を伴わない職員の意識改革から始めた例としては、福岡市が二〇〇〇年から取り組んだ「DNA改革」がある。「DNAどんたく」など直接職員の意識を改革する運動が中心で、評価システムの導入は二次的な取組になっているようだ（石井幸孝・上山信一ほか『自治体DNA革命』）。しかしながら、単に職員に意識改革を迫るだけでは改革は成功しない。というのは、意識改革とは、組織の中に根づいた文化・風土を変えることを意味するのだが、一方で、行政を動かしているシステムが組織文化を生んでいるという面もある。結局は、システムと文化の両面から改革する必要があり、システム改革と職員の意識改革運動の双方に取り組まなければならない。

坂野達郎（「長期計画から戦略計画へ」）は、三重県と静岡県の改革初期の七年間を比較して、静岡県は、

〈目的手段体系の明確化→戦略に従った組織再編→予算権限の移譲〉

と進められたのに対して、三重県は、

〈目的手段体系の明確化→予算権限の移譲→戦略に従った組織再編〉

と進められていることを指摘し、順序は違っても、「分権型目的指向組織」をめざして同様の改革が行われたとしている。

改革の端緒は何であっても、改革に着手したからには最低限取り組まなければならないことがあるということであろう。評価システムは、経営改革に不可欠のツールで、いずれかの段階では導入しなければならない。しかし、何から始めるかはそれぞれの自治体に合ったやり方があるのではなかろうか。改革の全体像、経営システムの全体像を描きながら、それぞれの自治体に合ったスタイルで始めることが肝要であろう。

目的志向への意識改革ツール

事務事業評価システムは、目的と手段の関係を明確にし、目的の妥当性、目的に対する手段としての有効性を評価するものであった。

行政は、決められたことを決められたとおりに実行すればよいと考えがちである。どのような政策を行うべきか、そのためにどんな予算を付けるかは政治的決定であって、決定されたことを淡々と実行するのが行政であるとされる。自ら執行する事業がどんな目的をもっているのか、執行した結果はその目的をどの程度達成することができたのか、などは考えようともしない職員が大多数であった。そこに目的を考えなさい、という衝撃を与えたのが、事務事業評価システムであった。

たとえば、美術館の建設という多額の予算をかけるような大プロジェクトを例にとってみると、美術館建設室といった組織をつくり予算をたてることから始まり、組織の人間が予算を使って、美術館の設計・建設を外部に発注するなどして作業をする。作業の結果、めでたく美術館が完成し、開館すれば、事業として完成する。この段階で、事業が成功したかのように誰もが思い、そこから後は、管理・運営という別な仕事のように言われ、通常は担当者もかわる。事業の成果は、せいぜい年間入館者数の目標を達成したかどうかくらいまで追跡されればましな方だが、美術館建設の本来の目的は、美術品に親しむ市民が増え、地域社会の文化度が向上することであろう（阿部孝夫講演録『地方分権と地域活性化』を参考にした）。入館者が伸び悩むとすれば建設段階にも問題があったのだろうが、目的意識をもって建設計画がたてられ、管理・運営段階まで貫かれることは稀である。

自治体職員が仕事だと思っているものは、日常の作業であったり、せいぜい事業レベルの目的である。補助金の交付事務であるとか、許認可の事務であるとか、多数の事務を「決まり」どおりに執行していくような仕事では、本来の「目的」を忘れがちである。事務事業評価システムでは、その「事務事業の目的」を、対象（誰を）、意図（どのような状態に持っていきたいのか）、結果（それにより到達すべき上位の目的は何か）の三つの要素でとらえ表現することが求められた。そのうえで、「対象」と「意図」を分数式で表したものが「成果指標」であり、この数値を測定していくことによって改善案を考えるように評価表は設計されていた。

事務事業評価システムが目的と手段の関係を明確にするところから考えることによって、職員の意識改革を図ろうとしたことは、十分に理由のあることであった。目的が明確にならなければ効果は把握できないし、したがって、施策・事業の有効性もわからない。

県民・議会への説明責任

評価システムの導入の目的の一つに説明責任の確保があげられる。たとえば、古川俊一・北大路信郷（『新版・公共部門評価の理論と実際』）は、行政評価の目的は「多岐にわたるが、煎じ詰めれば…公共部門の生産性の向上とアカウンタビリティの確保」の二つになるという。アカウンタビリティは、「政策形成、施策執行などを住民へ説明し、申し開きをし、政府への不信の解消を図ることである」（同）が、普通「説明責任」と訳される。では、三重県において、評価システムは、説明責任を果たすうえでどのように機能したのだろうか。

評価表は、事務事業評価システムの段階の一九九七年から一貫して公表されてきたが、特に政策推進システムでは、評価システムが、県民、議会への説明責任強化の役割を果たすことになった。施策の評価を県民とのコミュニケーションの手段と位置づけ、評価結果が「三重のくにづくり白書」として公表されることになったのだ。これは、「県政報告書」と名前こそ変わったが、そのまままみえ行政経営体系に引き継がれた。

図表7.3　みえ行政経営体系と議会での調査

6月	県政報告書（未定稿）の議会調査
7月	県政報告書の公表
	県政報告書（確定版）の議会調査
8月	議会から知事への意見提出
9月	議会意見への回答と共に「県政運営の基本的な考え方」を議会に提出
	「県政運営の基本的な考え方」について議会での議論
	「県政運営方針案」と「予算調整方針」が定められ予算編成作業開始
	↓　決算および主要施策の成果に関する報告書の提出
	議会による予算編成についての調査　↓
12月	議会による決算の調査、認定
2月	予算の議会提出、審議
	↓
3月	予算の議決

出典：三重県、『「みえ行政経営体系」による県政運営――トータルマネジメントシステムの検討結果』をもとに筆者作成

くにづくり白書または県政報告書を手に取ってみると、施策ごとにA四判見開きになっていて、左側のページに数値目標の達成状況とコストなどが載せられ、右側には、成果、課題、今後の展開に分けて、担当の部次長級職員の評価コメントが載っている。したがって県民は、県が何を目的・目標に仕事をしているのか、それが達成できたのかどうか、担当責任者がどう考えているかが容易にわかるようになった。情報公開が進んでいるので、評価表その他の公表資料をたどっていけば、個別の事業レベルに至るまで相当詳細な情報も入手できるようになっている。しかし、現実には、県民からの反応・反響は大きくはない。評価システムの導入によって、施策に関する情報を容易に入手できるようになったということになろうか。

評価システムとそれを核とした統合システムが実現したのは、県民の代表である議会に対する説明責任の

向上である（図表7．3参照）。前年度の評価の結果は、まず議会に報告され、議会はそれを調査して翌年度の政策についての意見をまとめ、知事に申し入れる。それを踏まえて知事は、翌年度の県政運営方針を定め、それをもとに予算編成が進められるが、議会側でも申し入れの結果が尊重されているのかどうか、予算編成過程での調査が行われる。前年度決算の認定での議論も、翌年度予算の議論に生かされる。当初予算が上程されて正式に審議されるまでに、議会と執行部の間での相当な議論を積み上げることが可能になったのだ。

計画と予算を結び付ける評価システム

総合計画が、県の組織全体に一貫したビジョンとミッションを与え、それを実現するための戦略を示すものとしてつくられたなら（図表3．2参照）、行政資源は、計画に従って、計画の推進に資するように配分されなければならない。

従来、総合計画は企画部門がつくり、策定後の計画推進は各部局任せで、進捗を管理するだけであったし、計画を実施するための財政資源、人的資源については、総務部門が一元的に管理していたが、必ずしも計画推進を重視していなかった。せめて査定の一要素としてでも、計画推進への貢献を考慮していれば上出来な方であったろう。

計画推進の観点から資源を配分するには、計画の実施過程と資源配分過程を結び、実施過程およびその結果の情報を資源配分過程にフィードバックするシステムが必要になる。評価システムがその役割を果たすのだ。事務事業評価システムにおいても、そのような役割は想定されてはいたが、政策推進システムでは、評価システムによって予算編成と総合計画を結び付けることが明確に意図された（図表2．2参照）。

効率性という言葉はさまざまに使われ、単に経費を削って役所をスリムにするようなイメージさえあるが、真の効率性とは、地方自治法（第二条第一四項）のいうように「最少の経費で最大の効果を挙げる」ことであろう。これは、資源の投入量を減らすだけではなく、効果を測定し、それを次の資源配分の判断に生かさなければ実現できない。評価システムが予算編成と総合計画を結び付けることによって、真に効率的な自治体経営が可能になる。

システム統合の中核

先に述べたように、三重県の改革は、システム統合の歴史であったといえよう。その統合の中核として、評価システムは常に大きな役割を期待されていた。

三重県の改革の原点において、アメリカ版ニュー・パブリック・マネジメント（NPM）といわれるオズボーンとゲブラーの『行政革命』に着目し、行政システム改革では、ニュージーランドやイギリスなどのNPM改革に刺激を受けた。三重県の改革は、行政経営改革であり、「管理から経営へ」

というスローガンが示している方向は、決められた仕事を決められたとおりに執行する「業務執行型」の組織管理から、組織のビジョンと戦略に沿って目的、目標を達成していく「目的達成型」の組織経営に改革することだと理解される（図表2．3参照）。

このような組織経営を可能にするためには、それにふさわしい経営システムが必要になる。行政組織を動かしているシステムは多くの仕組みから成り立っているが、新しい経営を可能にするシステムを「経営型」のシステムと呼んだ場合、従来のものは「管理型」と呼べよう。事務事業評価システムの導入は、そのような「管理型」システムに、「経営型」システムの楔を打ち込み、その違和感によってシステム全体の変革につなげようとしたものと解される（図表6．1参照）。当時の担当者が「事務事業評価システムを中心とした行政運営全体への波及を徹底的に追い求めていこうとした」という（梅田次郎・竹内泰夫「三重県の事務事業評価システム」）のは、そのような意味合いで理解できる。

しかし、管理型のシステムに評価システムを単体で組み入れただけで、システム全体が「経営型」に変るわけではない。事務事業評価システム導入の時点では、予算編成など既存の仕組みの変更はなかった。他の仕組みに対して影響を与えようとしたのであろうが、実際に他の仕組みが変ったわけでもない。むしろ、従来のシステムとの違和感に対する職員の受け止め方は、機能しない無駄なシステムというものであり、それを押し付けられることによって、批判は北川改革そのものに向かったことは否めない（第五章参照）。

政策推進システムの段階では、予算編成という県政運営では主要なシステムを評価システムと組み合せ、組織機構まで一変した。それぞれのシステム相互の連携を強め、統合的な経営型システムへと一歩進めたのが、「管理から経営へ」の意味の一つである。そのシステムにマネジメントの精神を吹き込むのが、行政経営品質向上活動であり、したがって当時、「二大戦略」とされたのだと理解できよう。

そして、「みえ行政経営体系」は、その名が示すように、統合的なシステムを意識している。すべての県政運営が、「みえ行政経営体系」の枠組みで運営されると宣言したのだ。この段階に至って、評価システムは、システム全体を構成する仕組みの一つとなった。評価システム本来の等身大の姿に落ち着いたといえよう。また、改革の中核としての役割を果たした結果でもある。

評価システム抜きの経営型システムは考えられない。その意味で評価システムは、行政経営改革のいずれかの段階では、必ず導入しなければならないものといえるが、経営システム全体からみれば、評価システムはその構成部品の一つにすぎない。三重県では当初、評価システムに過大な役割を負わせたのかもしれない。

監査委員評価の導入――外部評価は必要か

三重県の評価システムは、事務事業評価システム以来、自己評価であった。事務事業評価システムの導入当初から、職員の意識を変え、事業の改革・改善を図ることに評価システムの主眼があったということもあって、「みえ政策評価システム」も自己評価の仕組みとされた。各階層の管理者が、目的・目標達成の責任者であり、評価責任者でもあり、自己評価、自己改善を基本としている。これに対して、「お手盛り評価」ではないかとの批判があり、外部の評価をいれるべきだ、という根強い意見があった。

自己評価、自己改善を基本に据えたとしても、評価が担当職員の独善に陥っては機能しないので、評価の客観性をどう担保するかという課題は認識されていた。政策推進システムでは評価結果をくにづくり白書として公表することとされたが、これは自己評価を客観視することにもつながる。特に、議会に報告、説明しなければならないことは、担当者に都合の良い「お手盛り評価」を防止するうえで、大きな意味を持つだろう。さらに、くにづくり白書として公表する前に、全庁的な視点で評価をチェックする仕組みとして「前年度事業の成果の確認と検証」という仕組みが導入され、適切に自己評価がなされているか、配分された財源が有効に活用されているか、適切に説明責任が果たされているかがチェックされた。これに加えて、第三者評価としての監査委員による評価が導入された。

北川知事は、執行部と議会、執行部と監査委員の関係は、「緊張感あるパートナーシップ」でなくてはならないというのが持論であった。議会や監査が頑張れば、執行部も良くなるというのである。そのようなことから、監査事務局に対しても改革をけしかけていた。それもあって、執行部側が政策推進システムという新しい仕組みを導入する動きに対して、監査委員事務局では新たな監査の仕組みを検討していた。

イギリスでは行政経営改革が進むなかで、自治体監査委員会（the Audit Commission）による外部監査や、中央政府による検査（inspection）を受ける仕組みが導入されていた。監査委員事務局は、イギリスの監査を調査し、それを参考に行政監査のシステムを開発した。それが「評価方式による行政監査」である。

自治体の監査は、合規性、正確性を中心に、これに加えて経済性、効率性、有効性のいわゆる3Eの観点を含めて監査が行われてきたが、さらに「VFM（バリュー・フォア・マネー＝金額に見合う価値）及びBV（ベスト・バリュー＝サービスの改善可能性の評価）の視点を加え」た「客観的なデータに基づいた新しい評価手法」を構築し（三重県監査委員『平成一四年度行政監査（評価）結果報告書』）、施策とその下位の基本事業を対象に評価した。政策推進システムの導入された二〇〇二年度から二〇〇四年度までの三年間で、全六十七施策中六十施策とその下位の基本事業を評価し、二〇〇五年度から二巡目の評価に入っていった。

評価は、事業適応性、目的達成度、有効性、経済性・効率性、品質十分性、公平性・計画性、行政活動の七項目ごとに、一から五までの評点を付し、それを総合判定してAA、A、B、C、Dの五段階で評価された。評価結果は、各項目ごとの評点と、五段階の総合評価が発表される点で注目された。

また、七項目ごとに施策の現状が整理されたうえでそれに対する評価コメントが示され、「総括意見」として改善意見が述べられたので、どこに問題があるのかについても明確にされた。施策の七項目の評点と各基本事業の評点が、レーダーチャートとして一覧できるように示されているので、施策の問題点がどの基本事業にあるのかもわかりやすかった。

監査委員評価の結果は議会に報告されるので、監査意見に対してどのような改善が図られたのかについて、担当部局から議会に報告しなければならない。みえ政策評価システムによる評価結果の報告とともに、議会がそのチェック機能を果たすための有力な資料となった。

監査委員評価は、「みえ政策評価システム」の自己評価そのものを評価するものではなかったが、第三者評価としての位置づけが与えられ、施策、基本事業ごとに評価が実施されることは評価の客観性を担保するものと受け取られた。

評価をめぐる議論の一つとして、いまでも外部評価の必要を論じる声が高いが、それをどのような機関に担わせるのかについての議論はあまり詰められていない。中途半端に外部評価委員会などを置くよりは、本来のチェック機関である監査委員や外部監査制度を活用するのが先決であろう。その意味で、三重県の監査委員の取組は大いに参考にされるべきだ。

評価システム、今後の展望

一時はあれほどもてはやされた評価システムであるが、三重県の改革への注目が薄れるとともに、現在はあまり論じられることはなくなった。評価システムに対する自治体や首長の熱意も、ひと頃ほどは感じられない。

一つには、評価システムがそれぞれの自治体の仕組みの中に定着したからともいえよう。総務省の調査によると、二〇一〇年一〇月一日現在、全自治体の五四・三％に当たる九七七団体が行政評価を導入している（図表7．4参照）。導入状況は団体の規模によって差があり、都道府県や市では、大部分が導入済みである。町村レベルでは、試行中を合わせても四〇％程度に止まり、五百以上の自治体が導入していないが、その大部分は検討中であり、導入予定のないのは、百団体程度である。評価結果の活用についても、予算要求や予算査定、あるいは事務事業の見直しに活用しており、それぞれ導入団体の九割以上にのぼる。次年度の重点施策や総合計画の進行管理などに使っている団体も多く、それぞれ過半数を超える。このような状況から見ると、導入され、活用されるようになって、余り問題がないから注目されなくなったとも考えられる。

しかし、自治体の改革担当者と話す機会から窺えることは、確かに評価は行われてはいるが、機能していないことだ。筆者の認識する自治体現場での実態は、職員は評価が何の役に立つのか分からな

図表7.4　行政評価の導入状況（2010年10月1日現在）

	団体数（A）	導入済み（B）	構成比（%）（B／A）	試行中（C）	構成比（%）（B＋C）／A
都道府県	47	46	97.9	0	97.9
市・特別区	809	651	80.5	69	89.0
町　村	941	280	29.8	97	40.1

出典：総務省、2011年3月16日発表、「地方公共団体における行政評価の取組状況」をもとに筆者作成

いと言っているとか、したがってまじめに評価に取り組んでいないとか、評価表に記入して提出することが評価だと思っているとかであり、業績測定型の評価システムを導入しているにもかかわらず評価のベースとして論理モデルが作られていないのが普通である。評価システムが活用され、機能しているとは、およそ言い難い状況である。何のために導入するのか、導入すればどんな良いことがあるのか、評価結果をどう活用するのかがわからないという自治体の姿が浮かび上がってくる。総務省調査の高い数字は、改革ブーム、評価ブームにのって、とにかく評価システムを導入しなくてはならないと考えただけということではないだろうか。

このような状況を変えるためには、まず、評価の対象となる事業、あるいはそれを束ねた施策が、誰のため、何のために行われるのかを明確に意識しなければならない。そして、事業を行うことがどうして誰のためになったり、何のためになったりするのか、その因果ないしはプロセスが説明できなければならない。論理モデルが書けない自治体職員は珍しくないが、それは目的意識もなく、漫然と事業を実施してきた地方自治体の実態を表している。評価を行う前提として必要なものは、あるい

は評価システムの導入によってねらうものは、職員の目的意識である。

次に考えなければならないのは、評価した結果を何に使うのかである。言い換えれば、評価システムは、誰のために、何のために導入するのか、改革担当者もよく考えて設計しなければならないということだ。評価システムは、それ自体で何か良いことがあるわけではなく、それを何かの判断に生かしてはじめて機能する。つまり、よく言われる、「チェック＆アクション」がなければ、ただのお飾りになってしまう。誰が、つまりどの経営層がチェックし、アクションするためのシステムなのか、そして何の判断に使うのかを明確にしなければならない。

さらには、その判断を生かすことができるようなシステムを整えなければならない。三重県の事務事業評価システムでは、一所懸命評価して問題点を洗い出し改革案を評価表に記入したところ、財政課からこんな問題の多い事業に予算は付けられないと言われたという笑えない笑い話が残っている。予算編成が従来型であるために、まじめに評価することが「損」になってしまったのであるが、であれば、評価システムの導入とあわせて予算編成システムも変更しなければならないことになる。つまり、評価システムは、統合システムの一部として設計しなければうまくいかないということだ。

評価システムのない行政経営システムは考えられない。評価システムは導入済みではあるが、役に立たないから休止しているという自治体があることを知っている。機能しないから評価システムはやめようと考えるのではなく、評価システムが機能するような行政経営が求められている。

第八章　どのように改革を進めればよいのか

なぜ自治体改革なのか

前章まで、改革の必要性は自明のことのように、論を進めてきた。が、なぜ、自治体改革が必要なのだろうか。言い換えれば、改革の目的は何だろうか。

改革とは、一般的に、大きな環境の変化があった場合に、それへの対応として行われる。自治体を巡る環境は大きく変化しており、それはさまざまな視点から見ることができるだろう。高度成長が終わった、税収が伸びなくなった、明治維新以来の欧米に追いつけ追いこせという目標を達成してしまった、グローバル化が進んでいる、情報通信技術の発展により情報化時代が始った、少子高齢・人口減少社会になった、などなど論者によってさまざまな変化を指摘している。それらは、すべて正しいであろうが、何もかもを考慮しようとしたとき、けっきょくは何もわからなくなる。筆者としては、「生活の質（Quality of Life、ＱＯＬ）」の向上という課題が行政に持ち込まれたと考えることが、一番うまく行政経営改革の必要性を語っているように思う。

日本では、一般に「モノからココロへ」といわれる時代の変化がみられる。内閣府（以前は総理府）では、「国民生活に関する世論調査」を毎年実施しているが、このなかで、今後の生活において、これからは心の豊かさに重きをおきたいか、それとも物の豊かさに重きをおきたいかを尋ねている。

一九七二年から毎回聞かれているが、初回の調査結果では、「まだまだ物質的な面で生活を豊かにすることに重きをおきたい」という考え方に近いと答えた「モノ派」が四〇・四％で、「物質的にある程度豊かになったので、これからは心の豊かさやゆとりのある生活をすることに重きをおきたい」という考え方に近いと答えた「ココロ派」は三七・三％であった。まもなく両者の比率は逆転し、最近では、モノ派三割、ココロ派六割といったところで推移している。

このことは、物質的な欲求がほぼ充足されて、人々の欲求が精神的な充足に向うようになったことを示している。深刻な格差のあることが指摘されているということは、すべての人が物質的に満たされたわけではないことを意味しているが、不足の問題から配分の問題に焦点が当てられるようになったともいえる。

人びとの欲求の変化にしたがって、行政に対する需要も変化してきた。いざモノが満たされたわれわれの願いは、一度しかない人生を充実させたい、価値あるものにしたい、といったことに向っているようだ。つまり、生活の質に対する強い欲求がみられるようになった。人生あるいは生活といった個人的なことについては、およそ行政が関わるべきでないと思われてきた。しかし考えてみれば、個人の問題であっても、われわれが個人的に解決できる事柄は限られている。誰かの助けなしに生きていくことなど不可能であるし、どのような社会に住んでいるのかによって生活の質は大きく左右される。必要な助けは最近まで、家庭や地域の相互扶助や、あるいは企業福祉によってカバーされてきた。それがいまや社会的に解決しなければならない問題になり、けっきょくは行政に持ち込まれている。

このような行政需要の変化は、物質的豊かさを達成した先進諸国に共通しているようだ。ボベールとラフラー（『公共経営入門』）は、「多くのＯＥＣＤ諸国における一九八〇年代と一九九〇年代の財政危機は、行政改革を進める重要な引き金であった」が、「一九九〇年代初期以降、改革へと駆り立てた外部要因のうち特に強力なグループは、生活の質（ＱＯＬ）の問題に関連するものである」という。

物資的な充足が求められる時代には、必要なモノが買えない人に対して行政は現金を給付すればよかった。失業や病気によって所得が得られなくなった場合には、国家が現金給付をすることによって「健康で文化的な最低限度の生活」を保障しようとした。これが「福祉国家」である。精神的な充足が求められる時代には、現金給付だけでは人々の福祉を実現することはできなくなった。

もっとも、生活の質の問題は、一人ひとりの日々の暮しや人生そのものの問題であるから、一人ひとりが追求するほかない。社会的に解決しなければならない問題であるといっても、個人の生活に介入するわけではなく、解決の条件を社会の側が整備するという問題である。

例をあげよう。最近の自治体の主要課題に、「子育て支援」がある。育児は、きわめて家庭的な問題であることは間違いない。しかし、各人が自らのＱＯＬを求めた場合、仕事か育児かという選択はできない。仕事も育児もである。あるいは趣味も仕事も育児もである。何かを諦めることは、一般的にはＱＯＬを低下させるからだ。すると社会の側では、家族が育児と仕事を両立できるように条件を整えていかなければならなくなる。

筆者は、人口減少といわれている最近でも、人口が増えている地区があることに気がついた。それは、子育てのしやすいまちだという評価のある地区だ。まず、幹線道路に近いなど比較的自動車交通の便が良いというのが一つの条件になっている。であれば一時間くらいの通勤圏に職場がある可能性が高い。それだけではなく、評判のよい保育所があって延長保育や休日保育をやっている、さらには、子育てサークルがあったりする、といった条件が整っていると、若い世代が転入してくる、といった現象が観察できた。そのような地区は、やはり活気の感じられる良い地域になっている。子育て環境の整備が、地域づくりの要点になっているのだ。

つまり、ＱＯＬ向上がより良い地域をつくっていくための条件になっており、重要な行政課題になっているのだ。

地方分権改革と自立経営

最近、といっても一九九三年の国会決議以来であるが、日本では、地方分権を進めるべきだと言われている。最近では、地方分権では生ぬるい、「地域主権」だと勇ましい。このように地方自治体の政治・行政が重視されるようになったのは、その背景に、QOL向上が行政課題になったという事情がある。

人々のQOL向上の願いにこたえて行政サービスを提供しようとすると、中央政府よりも地方政府の役割が増してくる。生活の質に関わる問題は、個人では解決できないとしても、全国一律の施策で解決できるものでもない。必要とされる行政サービスが、地域によって異なるからだ。地域、地域で考えないと、ニーズにあった行政サービスの提供はできない。わが国においても、このような文脈のなかで自治体の役割が増し、地方分権の必要性が叫ばれているのだ。

たとえば、子ども手当は国の政策によって給付できても、子育て支援は、中央政府は大きな枠組を示して財源を手当てするだけで、具体的な政策立案から実施まで自治体の裁量に任さざるを得ない。地方分権は、QOL向上へと向う行政需要の変化を背景にしていると考えるべきである。

諸先進国においても、行政改革の関心は、地方自治体に向っている。たとえば、英国では、一九七九年からの保守党・サッチャー政権は、中央統制を強めることによって地方自治体の効率性を向上させようとした。一九九〇年に保守党政権を引き継いだメージャー政権は、「市民憲章」という巧妙な仕組みを導入して、地方自治体も含めた行政サービスの質の向上に取り組んだ。一九九七年に政権交代を果たした労働党のブレア政権は、地方自治体の自主性を尊重しながらも、自治体のサービス水準を競わせ、業績の高い自治体にはより自由度を高める一方、業績の低い自治体には中央政府が介入するという方策によって、自治体の業績向上をめざした。理念や手法は違っても、いずれの政権も、地方自治体のサービスの向上に大きな関心を払っていたのだ。

地方分権がなかなか進まないと言われながらも、地方自治体の権限と責任は確実に増している。特に、二〇〇〇年の地方分権一括法の施行は、国と地方自治体の関係を大きく変えた。地方自治体はまず、従来の各省庁の「下請機関」から、自立した経営体への脱皮が求められている。これにふさわしい組織経営、行政経営ができなければならない。つまり自立経営が求められている。

地方財政危機の本質

国と地方自治体が多額の借金を抱えていることは、よく知られている。長期債務の額は二〇一〇年度末実績で国が六百六十二兆円程度、地方自治体が二百一兆円程度、あわせて八百六十二兆円にものぼる。震災対策などによって借金がさらにふくれ上がるだけではなく、税収の倍以上の予算を組み続けている以上、この額は際限なくふくらみ続けることになる。

国の財政運営の課題は、まずは負担とサービスの関係を整理して、赤字国債依存体質から抜け出すことであることは間違いなかろう。地方財政も同様に考え、人件費を削るなどして借金を減らせという声が大きいが、これは間違っていると筆者は考えている。

地方自治体のやっている仕事の多くは法律に根拠をもっていて、地方自治体の政策というよりは国の政策である。そのため国は、地方自治体の事務事業の実施に対して財源的な裏付けをする必要がある。ここで日本の地方財政制度について詳しく述べることはできないが、地方財政計画と地方交付税という制度を通じて、国が地方財政をコントロールしているのだ。

地方財政全体の規模については、国家予算と連動させて、その歳入、歳出を見積り、地方財政計画を策定し、総額としての財源を確保する。個別の地方自治体の財源確保については、標準的なサービスを実施するために必要な税等の額をはじき、そこからその地方自治体の税収が不足する額を算出して、地方交付税として交付している。地方交付税の総額は、地方財政計画にもとづいて決定される。

投資的経費に対しては、各省が補助金を交付するほかに、地方債の発行を許可（現在は協議制による同意）することによって、税収以外でかなりの部分を賄えるようにしている。これも地方債発行の規模が地方財政計画で決定され、それと連動させた地方債計画が立てられる。この計画にもとづいて、起債の種別と借入先が予定され、起債の同意が行われる。投資的経費に充てる一般財源は、前述の地方交付税によって確保される。元利償還金も、後年度の地方交付税に反映される。地方財政全体が負担する元利償還金は、後年度の地方財政計画の歳出に組み入れられるので、地方財政総額としては、後年度のバランスが約束されている。

地方自治体が赤字地方債を発行することは、地方財政法で禁止されている。地方が「臨時財政対策債」と名付けられた赤字地方債を発行していることは事実だが、これは国の地方財政政策によって、地方交付税として交付すべき金額の一部を交付せずに地方自治体に借金させているものだ。そのための特例規定が設けられている。図表8.1をみると、三重県の借金のうち相当部分が、この臨時財政対策債でしめられていることがわかる。臨時財政対策債については、元利償還の全額が交付税算入されることになっている。ちなみに、国が政策的に発行を認める起債については、後年度の元利償還金の一定割合が交付税に算入されるという制度をとっている。たとえばバブル崩壊後の経済対策では、公共事業による景気浮揚策が採られ、地方財政もこれに動員されたが、この時に発行された地方債の多くは元利償還金が交付税算入されている。

このような地方財政制度のもとでは、特別に放漫経営に陥った自治体は例外であるとしても、地方自治体の借金は国の責任であり、国の地方財政政策によって返還が可能なはずである。真面目に歳入見積りしてその範囲で歳出を組んでいるような自治体には、将来の起債の償還にほとんど不安がないといってよい。ぎりぎり健全財政を保っていると言ってもよい。起債に頼らない財政運営が望ましいのは確かだが、無理して借金の額を減らそうとすると、その分、サービス水準を切り下げることになる。とくに臨時財政対策債は本来地方交付税で収入されるはずのものだから、標準的なサービスをするために必要な一般財源(注)に相当する。赤字地方債だからといって削ると、予算編成がたいへん窮屈になる。

図表8.1　公債費と県債残高（三重県）

公債費と県債残高（一般会計　H22・10月補正後）

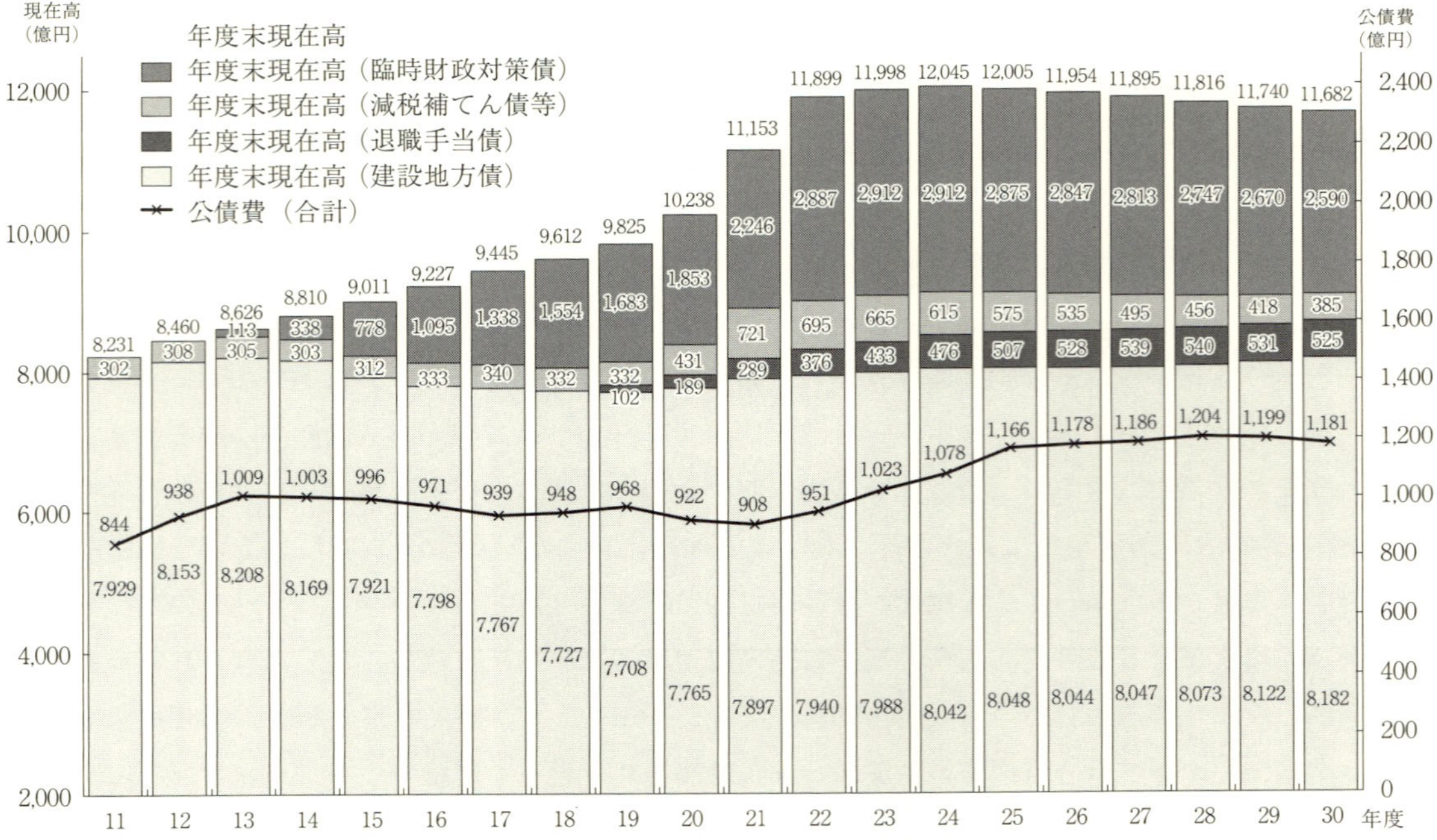

（注）平成22年度三重県債発行のためのIR情報として作成されたもので、見込額の推計は毎年改定される。

では、地方財政危機の本質は何か。それは、きわめて硬直的な財政になっていることだ。財政の自由度、つまり政策選択の幅が広いことを、財政が弾力的であるといい、収入の大部分の使い道が決まってしまっていて、財政的な判断の幅が狭いことを硬直的であるという。財政の弾力性を診断するための指標に、経常収支比率がある。経常的に入ってくる一般財源のうち経常的な経費に充てられた割合をいうのであるが、これが軒並み九〇％を超えている。二〇〇九年度決算では全国の自治体平均で、九三・八％（市町村は九一・八％）となっている。三重県の市町では、平均こそ八八・六％であるが、九〇％を超える自治体が十二あり、うち一〇〇％を超えている自治体が四つもある。従来七五％程度が推奨されていたのだから、ずいぶん硬直化していることがわかる。

このことは、税収とそれを補う地方交付税の大部分が、人件費、社会保障関係費、公債の元利償還金などに使われてしまって、政策的に使えるお金が残っていないことを意味している。つまり、生活の質の向上を求める人々の願いにこたえて新しい行政需要に対応する新しい政策を行おうにも、そのためのお金がないということだ。

実は、このように地方財政が硬直化したのも、中央政府が多額の借金をしてでも税収を大幅に超える歳出を組まざるをえないのも、行政需要が生活の質に関わるものに変化し、それが歳出圧力となっているからにほかならない。いままで地域や家庭などで解決されていた課題が、次々に行政に持ち込まれ、つまり行政需要は膨らんでいる。それにこたえなければならないのは、先に述べたように、もっぱら地方自治体なのである。それなのに、新たな行政需要にこたえるためのお金がないのだ。国の財政状況の深刻さを考え合わせれば、今までのように、国に要望して財源を取ってくるということが不可能なことも明白だ。

国はともかく、行政の最先端にいる地方自治体としては、「無い袖は振れぬ」と澄ましているわけにもいかない。職員の給与を下げてもという発想は、住民に対する責任感から出てくるものであるが、それにも限度があろう。お金の使い方を厳選して、できる限りの効率化を図るほかに、選択肢はないのだ。

効率的な行財政運営の本当の意味

自治体が何をめざし、何を行うのかを決めたら、それをできるだけ効率的に実施できなければならない。では、効率的とはどのようなことをいうのだろうか。一般に、広い意味での行政の効率は、第七章で述べたように、経済性、効率性、有効性という三つの面から把握される。この三つを総合的に改善することが、効率的な地方自治体を生み出すことになる。

企業経営では、この三つのうちでも効率性が重視される。が、行政経営では、成果（アウトカム）をあげること、つまり有効性が何より大切である。企業は、生産した財やサービスを市場で提供する。仮にその商品が価格とくらべてあまり役に立たないものであれば、売れなくなり、商品の生産は中止される。したがって、企業としては、消費者の役に立っているかどうかを確かめるよりは、できる限り低コストで提供することに注力したほうがよい。

しかし、行政サービスは税金で賄っているので、タダか、低廉な料金で利用できる。とすれば、利用者はサービスに少々難があったとしても、サービスを継続するように要望することになる。あまり役に立たないサービスが残ってしまうことになるので、行政経営者は、サービスが住民の必要性を満たしているのかどうか、常に有効性の判断が必要である。つまり、行政サービスが成果をあげたかどうかのチェックが、常に必要である。

地方自治体にとっての成果は組織の外に発生する。図表7．1をもう一度ご覧いただきたい。太枠のなかが地方自治体の行政組織（つまり市役所・町村役場）を表す。地域の社会経済的問題を分析し、行政ニーズを把握して、目標を立て、予算・人員を投入して活動を行い行政サービスを産み出す。しかしこれだけでは、成果があがったとはいえない。住民や地域社会に何か善きことがおこって、問題が解決に向ってこそ成果があったとはじめていえるのだ。効率的な行財政運営の真の意味は、限られた資源の投入によって、このような意味での成果をできるだけ大きくすることだ。

通常、自治体は、同じような目的で、複数の事業を行っていることが多い。目的（誰のためか、何のためか）に照らして、効果の大きい事業は継続したらよいが、効果の小さな事業は止めざるを得ない。お金がないからである。限られたお金を、より効果の大きな事業に回していけば、同じお金からより大きな効果が生まれる。

英国の保守政権が、サービスの質の向上を目指したときに「Value for Money」という言葉を使ったことから、「VFM（金銭的効率性）」という行革用語が使われるようになった。日本では、地方自治法が、「地方公共団体は、その事務を処理するに当つては、住民の福祉の増進に努めるとともに、最少の経費で最大の効果を挙げるようにしなければならない。」（第二条第一四項）と規定している。VFMの向上も、最少の経費で最大の効果を挙げることも、効果の大きな事業を選択し、資源を集中することによってのみ実現できる。投入（インプット）はできるだけ減らし、効果（つまりアウトカム、成果）はできるだけ大きくすることこそ、行政の効率のほんとうの意味である。

自治体改革の方向

生活の質にかかわる問題は、行政だけが背負い込んでも解決できない。一つには、行政需要の方にはいわばキリがないが、投入できる資源、つまり住民が負担できる税金には限度がある。また、QOLの問題はきわめて個別的であるが、行政のやることにはどこかに画一性が残らざるをえない。NPOやボランティアが注目されているのは、行政の画一性をカバーする必要があるからであろう。

そして生活の質にかかわる問題には、住民自らが取り組まなければ解決できない問題も残る。たとえば、きれいで清潔なまちに住みたいという願いを実現しようと思えば、住民自らが、リサイクルやゴミの減量化に取り組み、犬の糞を道端に放置しないといった心がけが不可欠なのだ。

生活の質に関わる行政ニーズにこたえるためには、住民との協働が欠かせない。したがって、住民と共に考え、共に取り組むことが肝要になる。このような方向への改革を「地域経営改革」とよぼう。

一方、市役所、町村役場には、住民の期待にこたえられるような組織経営に変えていくことが必要になる。これを「行政経営改革」とよぼう。先に述べたとおり、行政経営改革で実現すべきは、地方分権にふさわしい自立経営であり、地方財政危機下でも住民のニーズにこたえられるような効率経営である。

地域主権時代の自治体改革は、地域経営改革と行政経営改革の両面から進めることになる。また、行政経営改革では、自立経営と効率経営を実現しなければならない。

以上から自治体改革の方向は、

○住民とともにまちづくりに取り組んでいくための地域経営改革
○ビジョン、戦略、目標をもった自立した行政経営への改革
○少ない経費で大きな成果をあげる効率経営への改革

という三つに整理できる。実際の改革では、これらを組み合せて総合的に進めることになる。

住民と協働するための改革——行政のリーダーシップ

三重県では「県民しあわせプラン」で「新しい時代の公」という考え方が示されたが、総務省の「分権型社会に対応した地方行政組織運営の刷新に関する研究会」でも「新しい公共空間」の形成を提案しており（二〇〇五年四月付け報告書）、公共的な課題の解決には行政だけではなく多様な主体の取組が必要だという認識は、広く共有されるようになっている。自治体改革がめざすものが、地域の多様な主体が力を合わせて住みやすく豊かな社会をつくっていくことであることは間違いなかろう。

地域には、現に公共的な役割を果たしている各種の団体があり、ＮＰＯなど今後新たにその役割を果たす主体も多数生まれて来るであろう。住民一人ひとりの役割も、もちろん大きい。これら多様で多数の主体が力を合わせるということは、その力をその地域を良くする方向に結集することを意味している。

図表8．2は、ＡＢＣ三つの主体が、同一目的で活動していることを想定して、図表7．1を書き直したものだ。関係主体Ａと関係主体Ｂは、同じ中間的成果をねらっているが、手段がそれぞれ相反し互いに効果を打ち消しあってしまうこともあり得る。関係主体Ｃも最終的には同じ成果をねらっているので、やはり効果を打ち消しあってしまうかもしれない。逆に、それぞれの活動が相補い、相乗効果を生み出す可能性もある。

図表8.2　協働による地域づくりのイメージ

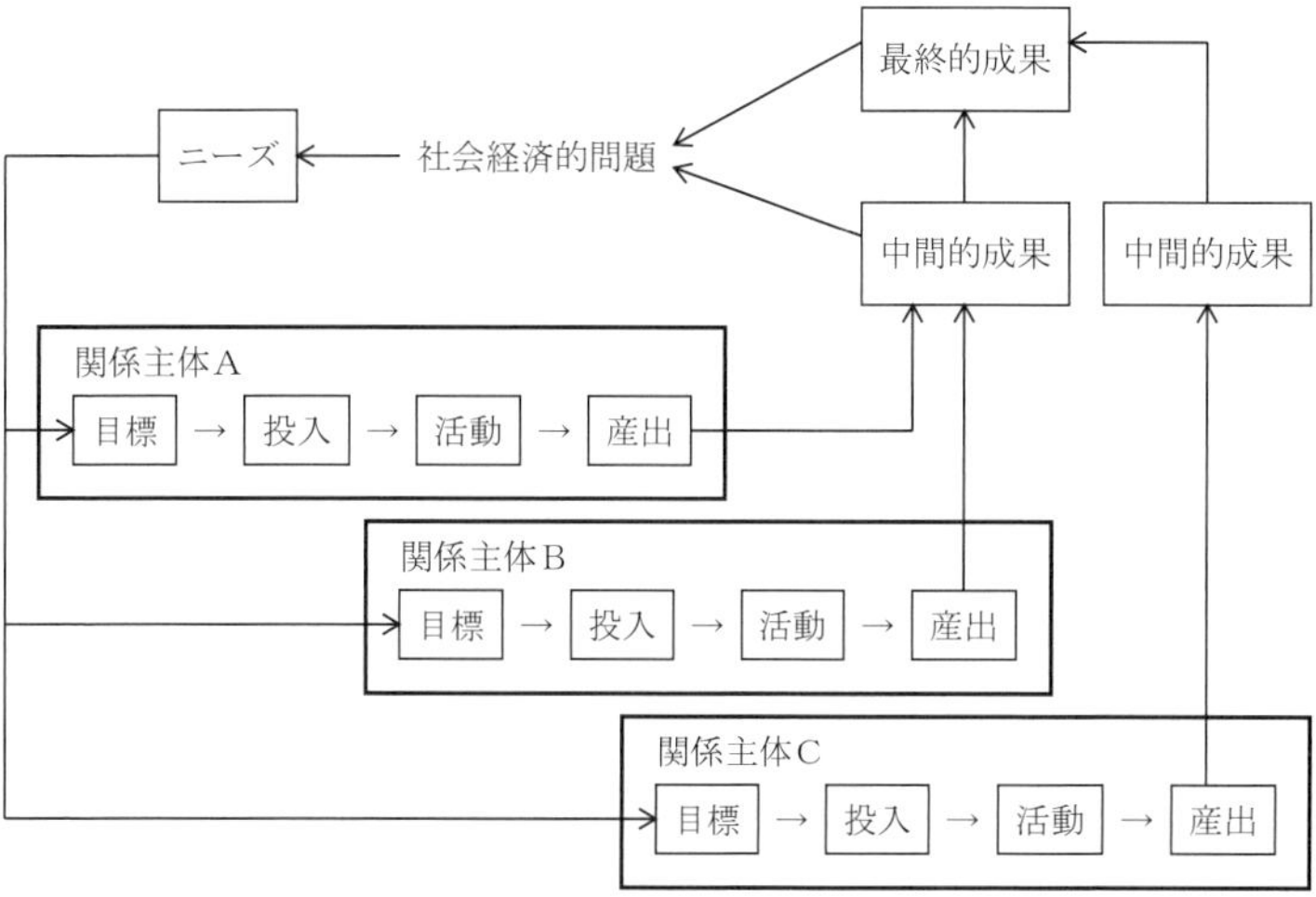

出典：古川俊一・北大路信郷『新版・公共部門評価の理論と実際』を参考に筆者作成

せっかくの取組が、地域を良くする方向にネットワークされることが望ましいことは言うまでもない。しかし、ABCそれぞれは、独立した主体であるから、連携・協力関係になる場合もあれば、いがみ合う場合もあり得る。どの主体も対等であり、他の主体をリードする権限は与えられていないからだ。

自治体当局も、この図では、地域を良くするために活動する関係主体の一つに過ぎない。しかしながら、地方自治体は、住民から地域経営についての付託を受けており、「正統性」を与えられた主体である。他の主体は、地域の将来に責任をもつべき正統性を有しない以上、公共に携わりながらも、「私的な主体」としての性格を持たざるを得ない。「公的な主体」である自治体が、地域の取組を一つの方向にまとめていかなければならない。それが、「行政のリーダーシップ」である。地方自治体には、多様な主体の努力が「摩擦熱」によって失われることなくその効果が発現されるようにマネジメントする責任がある。地域経営とは、このようなマネジメントのことであろう。

首長が、ローカル・マニフェストによって地域の将来をどう展望していくのかを訴え、リーダーとしての信託を受けるということは、住民協働のうえにたった地域経営のリーダーとして選ばれたことをも意味する。北川正恭（『マニフェスト革命』）が「地方分権一括法の施行によって、自治体の首長は……、地域の『経営者』になった……その力量次第で地域は大きく変わる」というのも、そのような意味で理解できる。

総合計画で描く地域の将来像は、多様な主体を前提にしたものでなければならないし、その目標は地域全体で共有するものでなければならない。行政が直接実行、マネジメントするのは計画全体の一部分にとどまるが、多様な主体と協働しながら、その全体がうまくいくようにマネジメントするという発想が必要だということになる。

自立経営のためのビジョンと戦略

地方分権を進めることが住民のＱＯＬの向上につながるのではあるが、そのためには、国から自立した経営体に脱皮しなければならない。自立した経営体というからには、自らのミッション（自治体としての使命)、ビジョン(成功した姿)、戦略(成功に至る道筋)をもち、それの実現に取り組んでいく必要がある。ミッション、ビジョン、戦略を決定する場としては、総合計画がふさわしい(三重県の総合計画が描くミッション、ビジョン、戦略については、図表3.2参照)。このように組織全体の方向性を定める計画は、前述したように、戦略計画としての性格をもっている。

こうして自治体全体が共有する最上位の目標が設定されるわけだが、この目標は、具体的な事業実施を通じて実現される。職員が自治体の組織のめざすものをよく理解していても、自らの実施する事業がどのようにしてそれの実現につながるのかを理解していないと、自治体のビジョンは実現されない。そこで、上位の目標と下位の目標を結ぶように、政策・事業体系を策定することになる。もともと政策とは、目的と手段の体系だといわれるが(図表1.2参照)、事業が、まちづくりの目標につながるように意識的に体系化することが必要だ。これも、総合計画で決める。

例をあげてみよう(図表8.3)。ある町では、将来めざすべき町の姿を「みんなが笑って暮らせるまち」と掲げた。そのためには、「だれもが生きいきと暮らせるまち」にしなければならないし、そのためには「安心して子育てできるまち」でなければいけないと考え、それを実現するための具体的な方策として〔子育て支援の充実～保育サービスの充実～保育所整備事業〕という施策・事業を実施していくこととされている。このように体系化することによって、役場で実施される何百本という事業のすべてが、この自治体のめざす「みんなが笑って暮らせるまち」の実現のために行われるように

図表8.3　政策体系と「ゴールデン・スレッド（golden thread）」

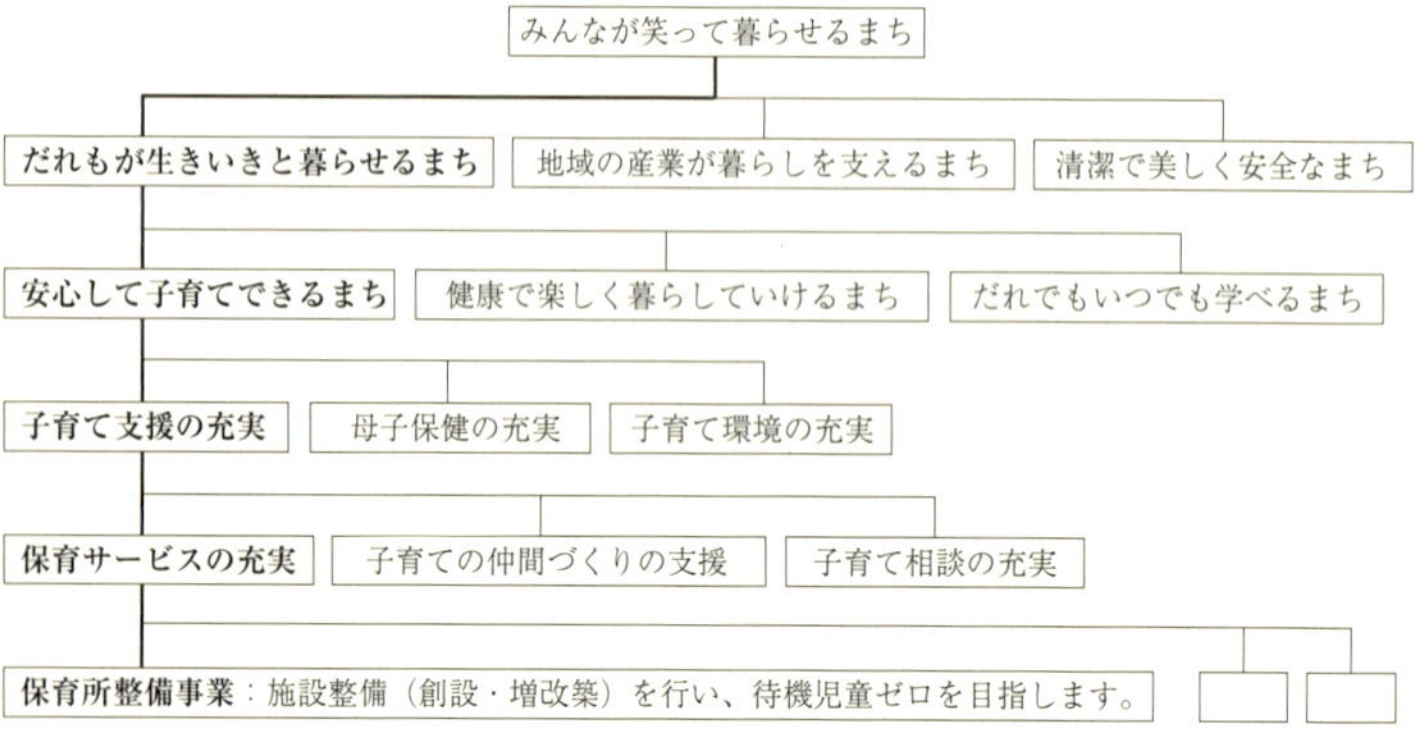

出典：筆者作成（三重県松阪市と同県度会郡度会町の総合計画を参考にした）

なる。

別な事業でも考えてみよう。みんなが笑って暮らせるためには、「清潔で美しく安全なまち」でなければならないと考え、下位の目標にそれを掲げた。そのためには、「ごみを散らかさないまち」でなければならないし、さらにそのためには、「ごみが適正に処理されるまち」でなければならない。ここまでを、総合計画に定め、「ごみが適正に処理されるまち」を実現するための事業を予算に組んで実施するわけだ。

ごみの収集運搬事業に携わる職員には、この体系を理解させる必要がある。そのためには、「ごみの収集運搬事業→ごみが適正に処理されるまち→ごみを散らかさないまち→清潔で美しく安全なまち→みんなが笑って暮らせるまち」というふうに、逆の方向から自らの事業と自治体のめざすものとを結びつけて考えるよう仕向ける必要がある。具体的には、事業からめざす姿までを図示した簡単なカードを携帯させたり、どのように行動したら「みんなが笑って暮らせるまち」につながるのかを朝礼などで考えさせたり、そのカードの余白に私はこのように行動しますと書かせたりしている。このような行政経営のやり方は、事業と自治体のめざすものが一本の糸で結ばれていることにたとえて、「ゴールデン・スレッド（the 'golden thread'）」（黄金の糸）と呼ばれる。

効果測定は不可欠――経営システムへの組み込み

自治体改革がめざすべき効率経営とは、単に経費を削減することではなく、限られた資源から最大の効果をあげなければならないことは前述した。前節で述べたように総合計画がミッション、ビジョン、戦略を明示することができれば、その自治体の組織全体で何をめざすのか、つまりどのような効果をあげればよいのかが明らかになったことになる。そして、政策・事業体系が確立されれば、自治体の組織目標を個々の事業の実施と結び付けることもできたことになるが、では、事業が成果をあげることができたのか、本当に目標の実現に結び付いたのかどうかは、効果測定してみなければわからない。

これは通常、指標を使って測定することになる。日本では一般に「行政評価」と呼ばれるが、行政経営の分野では「業績測定」と呼ばれることなどについては、第七章で紹介した。

そして、評価システムは、第七章で述べた通り、単体として機能するわけではなく、経営システムの中に組み込んでこそ機能する。自立経営、効率経営を支える経営システムの基本設計は、図表8.4で示したものになる。総合計画、予算編成システム、評価システムの三つのサブ・システムで行政経営システムの基本を構成することになる。

　組織全体のめざすものを明らかにするのは総合計画であり、それを実現するためにどのような政策

図表8.4　行政経営システムの基本構造

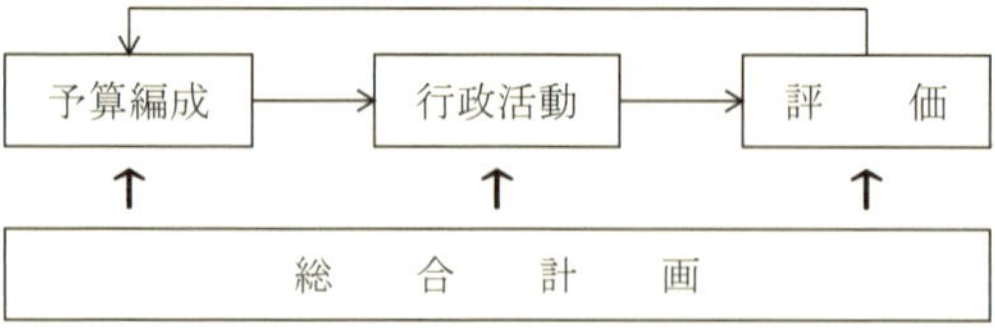

出典：筆者作成

をとるのか、組織全体としての戦略を明らかにするのも総合計画である。さらに、全体の戦略のなかで、各部署が何を担当するのかを明らかにする必要があるが、これも総合計画で行う。事業部局は、総合計画の示す目的、目標を実施するという観点から、担当部門の戦略を明らかにして、予算要求をすることになる。予算編成システムは、総合計画に即した成果の達成に、より敏感な仕組みに改革しなければならない。予算編成システムの改革については、先に述べた三重県での改革が参考になろう。

　予算が付けば、事業部局は事業を実施するが、その際には、総合計画で与えられた目的・目標を達成するという観点から事業を実施する。事業実施の結果は、総合計画の進捗に貢献したかどうかという観点から評価し、必要な改善を図ることになる。評価結果は、次年度の予算要求に反映される。

　以上のように、マネジメント・サイクルのすべての段階で総合計画が参照さ

れるように、総合的にシステムを設計、運用することが肝要である。これが、新しい考え方の行政経営システムの基本構造になる。

図表8.5　住民の政治参加
～マネジメントサイクルの中心に住民がいる～

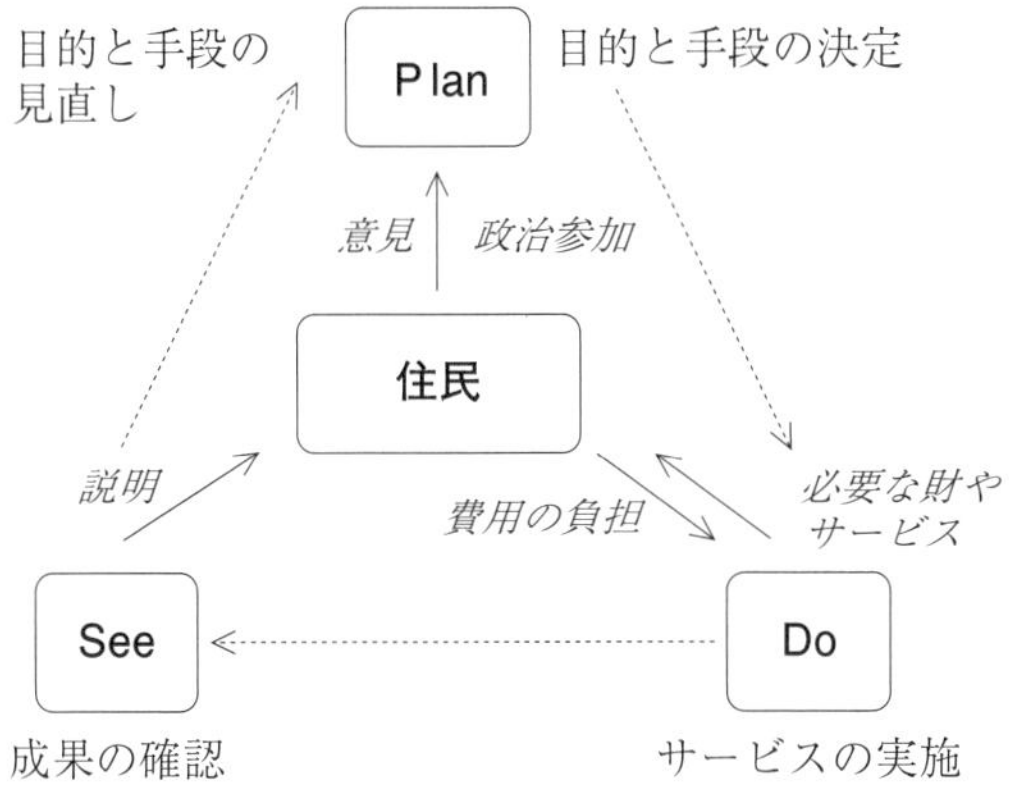

出典：筆者作成

住民参加――マニフェストサイクルの確立

以上述べたようなシステムを整えることができれば、経営組織としての基本的なマネジメント・サイクルが回り出す。が、地方自治体の主役は、住民である。マネジメント・サイクルの各段階において、住民に説明し、報告するとともに、住民の意見をマネジメントに反映する必要がある。

図表8．5は、地方自治体のマネジメント・サイクルと住民の関係を表したものであるが、総合計画の策定であるとか、予算編成であるとか、政策形成の段階では、評価結果にもとづいて確認された成果が住民に説明され、それにもとづいて住民が意見を述べる機会が与えられなければならない。そして何

図表8.6　マニフェスト・サイクル

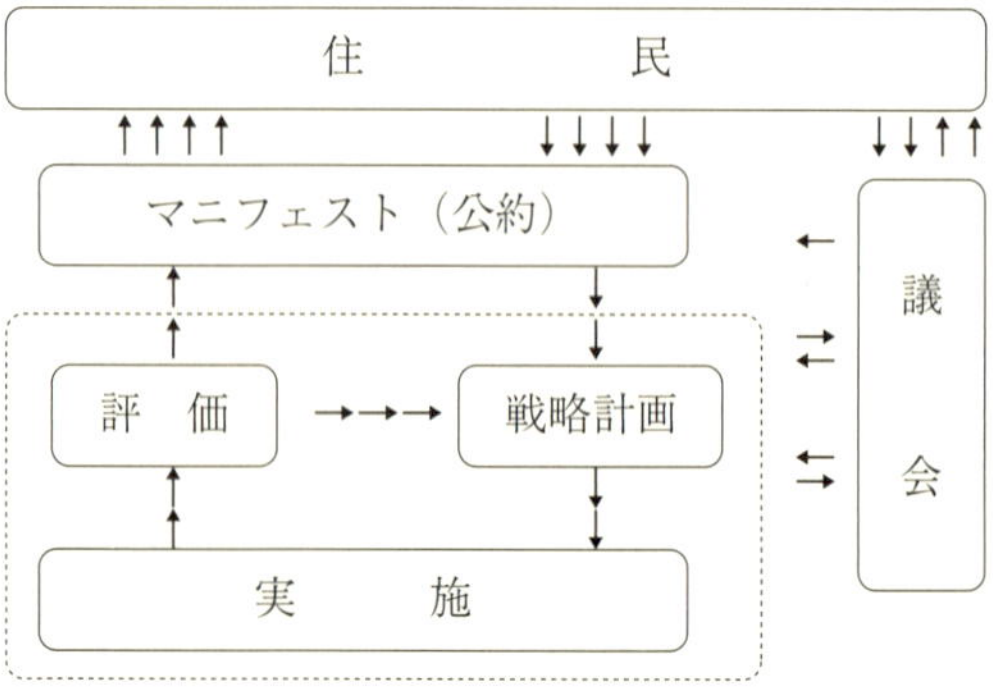

出典：筆者作成

らかの政治参加のもとに政策が決定されなければならない。そして住民全体で公平に費用を負担して、必要な財やサービスの提供を受けるが、その結果については、成果が確認されて、説明されなければならない。これが、住民を中心においたマネジメント・サイクルである。もちろんこれは、住民を代表する議会を通じて行われてよいが、代表制民主主義が住民の直接参加を否定するものであってはいけない。

最近の市町村長選挙では、マニフェストを掲げて選挙が行われることが多くなった。マニフェストを掲げて当選したら、その内容は、行政の計画に盛り込んで実施し、その結果を住民に報告しなければならない。住民を中心においたマネジメント・サイクルを確立することは、市民がマニフェストの実行状況を確認し、その成果を判定するためにも有効になる。

首長のマニフェストを現実に実行するのは、行政組織である。マニフェストにもとづいて戦略計画（総合計画）を立て、それを組織をあげて実施し、目的・目標が達成できたかどうかを評価し、次のサイクルでは戦略計画を見直して実施していく。図表8．6の点線の内側は行政組織内部にあたり、

「マネジメント・サイクル」を形成している。一年単位のマネジメント・サイクルはマニフェストの実施過程であり、これを四年間積み上げたものがマニフェスト・サイクルになる。

マニフェストは、任期期間を対象にした有権者との約束である。付託を受けた首長がその実現に努力をし、任期終了後に結果を報告し、それにもとづいて次の選挙が行われれば、有権者は、マニフェストが実行されたかどうか、実行された結果社会に良い影響を与えたかどうか、次の任期にはどのような課題が残っているのかなどを判断しながら、次の選挙での選択を行うことができる。これが「マニフェスト・サイクル」である。

組織の三つの側面からアプローチ

組織には一種の慣性があり、職員は今までどおりに物事を行おうとする。したがって、システムを整えただけで改革ができるわけではない。

組織がどのように動くかは、機構、制度、文化という三つの要素が規定している。ここで「機構」とは、組織の組み立てのことである。組織を組み立てるには、組織として行わなければならないすべての「業務」を分類して、個々の職員または課・係といった単位組織に割り当て、それを管理監督し指揮命令するための階層構造を組み立てることになる。組織がどのように組み立てられているのかという側面が機構である。

図表8.7　組織を動かす三つの要素と三つの改革

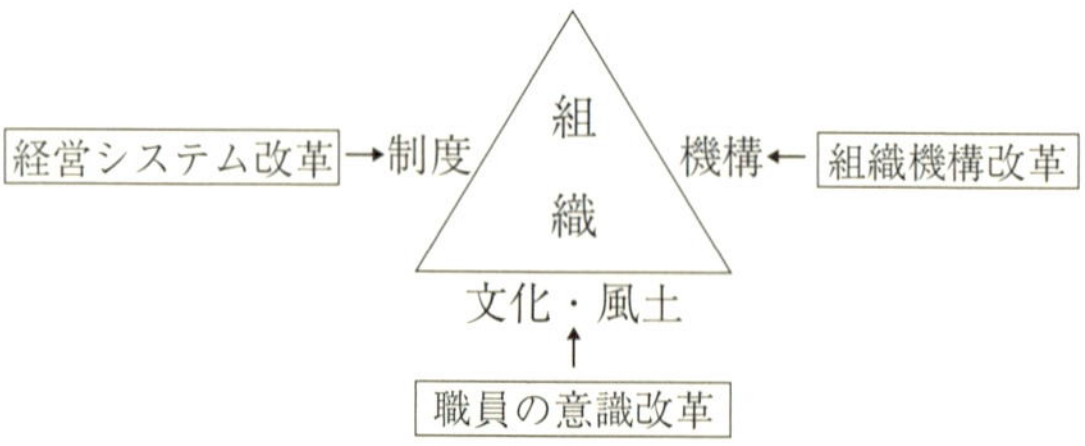

出典：筆者作成

「組織図」ができただけでは、組織は動かない。さまざまなルールを設定し、仕組みを整える必要がある。どのような仕組みで組織を動かしているかという側面が「制度」である。

機構と制度はフォーマルなものであるが、そのほかに、インフォーマルな職場の慣習や、職員の間で共有する価値観、思考や行動の様式といったものが組織を動かしている。これを、組織の「文化」（あるいは「組織風土」）という。組織の文化は、組織を安定させる働きがある一方で、その「とても深い信念と暗黙の前提条件が、抜本的な変化に対する強力な内的障害となる」（ミンツバーグほか『戦略サファリ』）。つまり、改革に対しては抵抗として働くことを意味している。

組織は、以上三つの面、機構、制度、文化が、それぞれに影響しあい、緊密につながって、機能している。とすれば、組織改革も三つの面から取り組まねばならない。つまり、機構面から変えていく「組織機構改革」、制度面から変えていく「経営システム改革」、組織の文化・風土の面から変えていく「職員の意識改革」の三つの改革が必要であり、それらを総合的に進めなければならない（図表8．7参照）。ある面だけを変えようとすると、他の面が抵抗となって働くことになる。たとえば、機構を変えても、制度がそのままであれば従来の制度の運用が新しい機構の働きを阻害するであろうし、職員の意識が変わらなければ従来からの発想で仕事をするだけで何も変わらなかったということになるだろう。

三重県でも、「組織機構改革」、「経営システム改革」、「職員の意識改革」の三つの改革が、同時並行的かつ総合的に進められていた。改革は、「さわやか運動」という職員の意識改革運動から始ったのだが、その一環として「事務事業評価システム」が導入された。これは一つには職員の意識改革ツールであったが、一つには経営システム改革をねらったものでもあった。

三重県の改革は、その後、行政システム改革の取組、政策推進システムの導入と進められ、最終的には県庁全体のシステムを「みえ行政経営体系」の枠組みで動かしていくこととされた。これらシステム改革の節目には、制度面で大幅に変えるだけでなく、機構面も変えられたし、組織文化の変革も意図されていた。たとえば、行政システム改革では「グループ制」を導入し、政策推進システムでは「チーム制」を導入したが、これら「フラット化」は、柔軟で迅速な意思決定をめざした機構改革であるとともに、上下の指揮命令系統を重視する管理監督型をやめたことによって、縦横の風通しの良い組織文化を生んだ。たとえば「マネージャー」という職名に現れているように、仕事のやり方に対する既成概念を変えようというねらいもあったのだ。

このように組織全体をにらんで、機構、制度、文化の三つの面から総合的に、かつ一体的な改革として進める必要がある。

改革を進めるうえでの留意点二つ

組織は、前述したように変りにくい性質をもつ。それを改革しようとする担当者は、内外の無理解にさらされ、孤軍奮闘に陥りやすい。そのような担当者のために二つの留意点を述べて、本書の締めくくりとしたい。

一つには、総務部門と企画部門の関係である。行政経営改革を進めるとなると、通常、総務部門、企画部門のいずれか、または双方が担当することになる。総務部門から企画部門が分離、独立したという経緯もあって、改革を担当するべき部門が二つに分離しているのだ。具体的には、図表8．4のようなシステムを設計したときに、総合計画は企画部門が担い、予算編成は総務部門が担当している。評価システムは比較的新しい仕事なので、どこが担当するかにはいくつかのパターンがある。評価担当課をおく場合があり、それが総務におかれる場合と企画におかれる場合がある。進行管理と位置づけて総合計画担当が担当する場合や、予算配分に反映するために財政担当が所管するケースもある。企画と財政をひとつの組織にまとめる場合もある。

経営システムに深くかかわるサブ・システムとしては、ほかにも、職員研修、職員評価、人事システム、広聴広報システムなどもある。これらは、本来、経営システムとして一体的な運用が必要なのだが、いくつかの課に分かれて所管しているだけではなく、部がちがうために役所内の最高責任者が複数になっている場合が多い。

首長のリーダーシップでこれらを一体的に運用できる場合はまだ良いが、通常は、バラバラになってしまう。とくに事業部門からみると、一体的な経営システムには感じられない場合が多い。筆者の知るある市では、一方で行革大綱をつくり、一方では人材育成ビジョンをつくって勤務評価制度を導入しようとしているが、また一方で新しい総合計画をつくって新市長のビジョンを示し、その進行管理のための新しい評価システムを導入しようとしている。これらが、まったく噛み合っていない。というのは、行革大綱をみても、それらを総合して機能させていく気配がまったく感じられず、各担当部署それぞれの考えで進めているのだ。一つひとつをみれば、意欲的でもあり、優れた取組と思うが、全体として市役所の経営がどこへ行くのかは、さっぱり見えてこない。

都道府県や市町村の組織は、自治体行政が国の省庁との縦割りで仕事してきた伝統もあって、各部門ごとの独立性が高い組織になっている。企業でいうと事業部制の組織

図表8.8　事業部制組織のイメージ

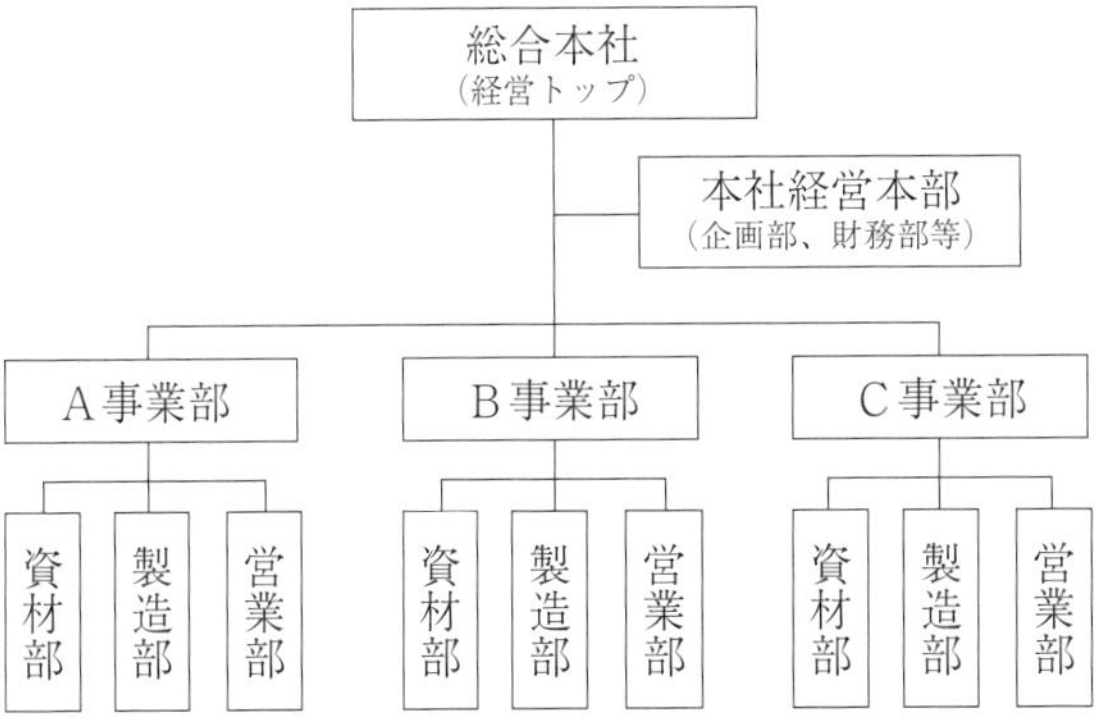

出典：影山裕子『経営学総論』などを参考に筆者作成

（図表8．8参照、図表1．4と比較されたい）に似ている。この場合、総務・企画部門は、「経営本部」として、経営トップを支えて全社の経営統合を図る役割をしている。両部門が一体として機能しなければ、全社の統轄は不可能だ。経営システムを一体として動かす経営本部機能をどのように構築するのかが、改革を進めるうえでの重要な留意点になる。

もう一点留意しなければならないのは、行政経営改革がすぐに効果が出てくることを期待してはいけないということだ。改革を始めた時点で、行政システム全体は従来型で動いている。特に組織・風土が従来型になっているだけに、新しい仕組みをいれたからといってすぐに機能することは期待できない。

システムの変更は、執務環境の重大な変化になるので、なるだけなら変えたくない人が多い。そのために、機能しないからやめようという声が大きくなる。しかし、時代の流れのなかで、従来型のままではいられない。市民の行政を見る眼がどれだけ厳しくなっているかを考えてみれば分かるだろう。最近の行政経営改革論では、一九八〇年代に一世を風靡したＮＰＭに対する批判的意見がつよくなっているのは確かだ。が、新たなモデルを模索する議論はあっても、改革しなくてよいという論調は皆無だ。

改革しか選択肢がないとすれば、効果がすぐに出ないからといって、またやめよの声が大きくなったからといって、すぐにあきらめてはいけない。どこに問題があるのかを探り、工夫をこらして、機能するように改善を重ねることが肝要だ。

改革担当になったら、相当タフな仕事になることは覚悟しなければならない。いざ改革を進めるとなると、本書で述べたような理屈の世界とはまったく違った困難が次々と出てくるものだが、それにめげることなく改革を進め、自治体行政の新しい地平を切り開いていただくように祈りながら、ささやかな著作の筆をおきたい。

注　税や地方交付税のように使途が特定されない収入を一般財源といい、地方債や補助金のように使途が特定される収入を特定財源という。

おわりに

三重県の改革を本にまとめるというのは、筆者にとって三重県庁退職以来の懸案であったが、生来不精な私は、それを先延ばしにしてきた。鈴木知事の誕生は、不精者の私の尻に火を付けることになった。野呂県政の一期目までしか知らない私にとって、情報が過去のものになってしまう前に仕上げなければならないという危機感があった。ようやく書き上げ、ひとまずは肩の荷を下ろすことができた。

これを逃せば二度と執筆の機会はないという危機感が不精者に筆を執らせたのは、三重県の改革をまとめる責任が筆者にあるという思いがあってのことである。三重県の十二年に及ぶ改革の道のりは決して平坦ではなかった。北川知事が就任し、当時の三重県の職員は、たいへんな思いで改革に取り組むことになった。そして、それは一定の成果をあげ、それまでになかった自治体経営の姿を示すことになった。が、率先して自治体改革の方向を探り、全国の自治体改革に対して大きな示唆を与えてきたことは、ほとんど忘れられている。三重県庁においてさえ、その意味は忘れられかけているのではないだろうか。

「変わり者」の知事が登場して、パフォーマンスで改革が行われたといった受け止め方になってしまえば、職員の苦労は浮かばれないのではないかと思う。歯を食いしばって改革を進めてきた職員の労苦に報いる方法は、改革を正当に評価し、今後の自治体改革に生かすことではないだろうか。光も陰もふくめてまっとうに評価するためには、何が起こったのか、その全体像を明らかにしなければならない。三重県庁における記憶や記録も風化しつつあり、この機会を逃せば、三重県の改革そのものが忘れ去られてしまうかもしれない。

筆者は、北川県政がスタートした一九九五年から十二年間、多かれ少なかれ三重県の改革に携わる職に就いており、職員を改革に駆り立てることに「荷担」しただけでなく、三重県職員のなかでも最も改革の全体像を知りうる立場にあった。筆者はまた、北川改革の八年間を取りまとめる仕事を担当したことがある。その成果は、『生活者起点の県政をめざして――三重県の改革八年の軌跡』と題した約二百五十頁にも及ぶ冊子にまとめられ、二〇〇三年一月に四日市で行われたシンポジウムの資料として配付された。当初は、シンポジウムで配付後、市販本として出版する計画で編集を担当したのだが、その年の四月には知事が交代して結局陽の目を見なかった。同書は、実際に改革を担当した職員が、どのような考え方、あるいはどのような思いで改革に取り組んだのかを綴ったものであり、職員からみた改革を紹介した貴重なものであった。その出版に漕ぎ着けることができなかったことには、筆者にも一端の責任がある。誰かが三重県改革の全体像をまとめなければならないとすれば、それは私の任務のように感じる。もっとも、三重県がいち早く取り組んだＮＰＯ支援や、芦浜原発白紙撤回などについては、筆者の手には負えそうもない。いわゆる自治体経営改革を中心に、まとめることにした。

このような思いに突き動かされ、昨（二〇一一）年の黄金週間から執筆をはじめ、大学が夏休みに入るころには、原案ができていた。そこで、いくつかの出版社に相談したが、厳しい出版事情のなかで、なかなか良い返事がいただけない。そのようななか、和泉書院に相談したところ、快く引き受けていただき、ようやく陽の目を見ることになった。

本書は、三重県内の読者だけに向けたものではない。より良い三重県改革の役に立つことを願ってはいるが、それだけではなく、かならずや自治体改革一般の参考になると信じて本書を世に送り出す。自治体関係者に幅広く読まれ、日本の自治体改革が住民の福祉を増進することを心から願う次第である。

自治体改革の参考になると信じる理由は、三重県の改革が、自治体のシステム改革の標準（デファクトスタンダード）とみなされているからだ。北川知事の下で改革が始まって以来、三重県には多くの自治体職員が調査のために来県した。改革に熱心な自治体の関係者と意見交換をすると、三重県の評価システムを参考にしたり、三重県のシステムとよく似た仕組みをつくっていたりする。しかし、三重県の改革の全体像を紹介する資料がほとんどないために、多くはつまみ食い的な取組になっていることは、誠に残念なことである。
それ以上に重要なもう一つの理由は、三重県の改革が国際的な行政経営改革の潮流にしたがったものであるからだ。三重県の現在の経営システムは、諸外国の考え方や取組を参考にしながら、三重県の事情に合わせて、つまり日本の官公庁の事情に合うように工夫して開発したものである。諸外国で進められている行政経営改革には、具体的取組は種々であっても、その根底に共通性がある。先進工業諸国では、従来の官僚制が時代に合わなくなっていることを発見し、一九八〇年代以降の改革で新しい行政のあり方を模索してきている。共通した官僚制の病理を抱えるようになっているという認識から、他国の取組に対する関心も高まっており、行政経営論という学問分野もできている。発展途上国の官僚も、このような行政経営論を欧米に学び、自国の改革に取り組んでいる。実は、世界的な視野でみれば、日本だけが行政経営改革から取り残されているのだ。そのようななかで、三重県の行政経営改革の経験から学ぶものは多いはずだ。

とくに全国の自治体で改革に携わる方々には、本書を通じてエールを贈りたい。改革担当者は、熱心に改革しようとすればするほど、周囲の理解が得られず孤立することが多い。なぜ変えなければいけないのだ、と庁内からは突き上げられ、一向に変らないではないか、と庁外からは責められる。決して一人ではない、ということ、そして、あなたの努力がきっと明日の地方自治体をつくるのだというメッセージを添えて、本書を、全国の自治体で改革に携わる方々に向けて送り出す。

最後になったが、拙い著作を世に出していただいた和泉書院の廣橋研三社長に厚く感謝申し上げる。妻の励ましがなければ、やはり本書は世に出ていなかっただろう。結婚以来支えてくれた妻にも、感謝の気持を捧げたい。

筆者記

二〇一二年春

参考文献

●三重県の行政資料などとしては、とくに次を参照した。

三重県、一九九六年四月、『事務事業評価システムの手引き』

三重県、一九九六年一〇月、『「さわやか運動」推進大綱——生活者起点の行政運営をめざして』

三重県、二〇〇二年四月、『政策推進システムの基本的な考え方——生活者のみなさんへの県庁からのメッセージ』

三重県総合企画局政策推進システムチーム、二〇〇二年四月、『政策推進システムの運営マニュアル』

三重県監査委員、二〇〇二年一二月、『平成一四年度行政監査（評価）結果報告書』

三重県、二〇〇四年三月、『「みえ行政経営体系」による県政運営——トータルマネジメントシステムの検討結果』

三重県、二〇〇五年四月、『「新しい時代の公」推進方針——「新しい時代の公」推進に向けた検討結果報告』

三重県、二〇〇六年五月、『みえの文化力指針』

三重県議会・二元代表制における議会の在り方検討会、二〇〇五年三月、『二元代表制における議会の在り方について（最終検討結果報告書）』（http://www.pref.mie.lg.jp/KENGIKAI/shikumi/nigendai/houkoku/index.htm）

三重県議会、二〇〇九年四月、『分権時代を先導する議会を目指して』

三重県議会、二〇一一年三月、『三重県議会の議会改革——評価と展望』

三重県職員労働組合、定期大会資料その他
※執筆にあたって多数の三重県資料を参照したが、ここではその主なものをあげた。また、三重県資料は、本文中に頻繁に引用したが、読者にとって煩雑になるのを避けて、とくに必要と思われる場合以外は引用元を省略した。
なお、三重県の改革資料の一部は、三重県のホームページ三重の改革」(http://www.pref.mie.jp/kensei/kaikaku.htm) から参照できる。残念ながら、過去の取組の資料の多くはホームページから削除されている。改革先進県としての自覚を失ったと言われてもしかたがない。

第五章の執筆にあたっては、三重県職員労働組合の定期大会その他の資料を参照した。とくに必要と思われる場合以外は引用元を「組合資料」とした。

●三重県の行政改革を紹介した著作としては、次を参照した。

岩名秀樹、二〇〇六年九月～一〇月、「改革を続ける三重県議会〔第一回～第四回〕」、『日経グローカル』No.五九～六二
梅田次郎、二〇〇〇年、「政策評価導入の体験——事務事業評価システムの導入に対する三重県庁内の組織的抵抗」、『公共政策——日本公共政策学会年報二〇〇〇』
梅田次郎、二〇〇二年三月、「当たり前の役所をつくる『さわやか運動』物語」、梅田次郎・福田志乃編著、『現場直言！　自治体実行主義——分権時代のこころと戦略』、ぎょうせい
梅田次郎・竹内泰夫、一九九九年二月、「三重県の事務事業評価システム」、斎藤達三編著、『実践自治体政策評価』、ぎょうせい

大森彌・岩名秀樹、「ディスカッション三重の改革5　三重県議会改革をめぐって」、『地域政策――あすの三重』二〇〇四年三月号、三重県政策開発研修センター
奥山喜代司、二〇〇一年八月、「新たな労使関係へ……三重からの発信――労使協働委員会の一年を振り返って」、『自治労通信』No.六八六
片山達也、二〇〇二年一一月、「三重県の組織改革と目指す組織運営の姿」、『地域政策――あすの三重』二〇〇二年秋号、三重県政策開発研修センター
北川正恭、二〇〇四年九月、『生活者起点の「行政革命」』、ぎょうせい
北川正恭、二〇〇六年一一月、『マニフェスト革命――自立した地方政府をつくるために』、ぎょうせい
北川正恭・浅野史郎・橋本大二郎、二〇〇二年四月、『知事が日本を変える』、文春新書
高塚猛、二〇〇二年五月、『組織はこうして変わった――高塚猛と北川正恭の革命論』、致知出版社
小林清人、二〇〇一年一一月、「議員提出条例は何をもたらしたか――県議会改革、三重からの報告」、『地域政策――あすの三重』二〇〇一年秋号、（財）三重県社会経済研究センター
小林清人、二〇〇三年七月、「新しい段階に入った三重県議会改革――議会活動の評価、補助金条例」、『地域政策――あすの三重』二〇〇三年七月号、三重県政策開発研修センター
中村征之、一九九九年六月、『三重が、燃えている』、公人の友社
中村征之・大森彌、二〇〇五年四月、『ディスカッション・三重の改革』、公人の友社
野呂昭彦、「地方からの発信――いよいよNPG（ニュー・パブリック・ガバナンス）が花開きます」、『時事評論』二〇〇五年一二月号、外交知識普及会
野呂昭彦、「地方からの発信――文化力をベースにした県政」、『時事評論』二〇〇六年一月号、外交知識普

及会
野呂昭彦、「地方からの発信――どんな国を目指すのかを、まず考えよう」、『時事評論』二〇〇六年三月号、外交知識普及会
野呂昭彦、『みえけん愛を育む〝しあわせ創造県〟』、内外調査会（二〇〇三年一〇月一四日津市での講演録）
三重県政策開発研修センター、二〇〇三年一月、『生活者起点の県政をめざして――三重県の改革八年の軌跡』、非売品
三重県政策開発研修センター、二〇〇三年三月、『地域政策――シンポジウム三重「分権時代の地方自治体変革」』二〇〇三年特別号、公人の友社
三重県総務局政策評価推進課、二〇〇一年三月、『いつでも、そして思いついたところから――三重県職員が語る改革のいま』、三重県
村尾信尚、二〇〇四年八月『「行政」を変える！』、講談社現代新書
村尾信尚・森脇俊雅、一九九九年三月、『動きだした地方自治体改革』、関西学院大学出版会
吉村裕之、二〇〇六年二月、『三重県の行政システムはどう変化したか――三重県の行政システム改革（一九九五年～二〇〇二年）の実証分析』、和泉書院

●次の拙著をあわせて参照いただければ幸いである。

村林守、二〇〇九年三月、「評価システムと行政経営改革――三重県における評価システムの導入とその後の展開」、『三重中京大学研究フォーラム』第五号
村林守、二〇〇九年六月、「財政危機下の行財政運営――抜本的な体質改善のチャンス」、『地域政策――三

重から』二〇〇九年夏季号№32、三重県政策部企画室
村林守、二〇〇九年一一月、「評価システムを使いこなす」、三重県地方自治研究センター『月刊・地方自治みえ』二〇九号（http://mie-jichiken.jp/wp/wp-content/uploads/2010/06/209.pdf）
村林守、二〇一〇年三月、「評価システムの導入と総合計画の変質――三重県における評価システム導入の経験から」、『三重中京大学研究フォーラム』第六号
村林守、二〇一一年三月、「地域主権時代の行政経営改革――三重県の改革を参考に」、『三重中京大学研究フォーラム』第七号
村林守、二〇一二年三月、「日本型評価システムの到達点――三市の評価システムの示唆するもの」、『三重中京大学研究フォーラム』第八号

●行政経営改革などの参考としては、とくに次を参照した。

阿部孝夫、一九九七年一〇月、『地方分権と地域活性化――行政改革をふまえて（講演シリーズ第65号）』、（社）地方行財政調査会
石井幸孝・上山信一ほか、二〇〇一年九月、『自治体ＤＮＡ革命――日本型組織を超えて』、東洋経済新報社
打越綾子、二〇〇四年四月、『自治体における企画と調整――事業部局と政策分野別基本計画』、日本評論社
大住莊四郎、一九九九年一二月、『ニュー・パブリック・マネジメント――理念・ビジョン・戦略』、日本評論社
大森彌、二〇〇六年九月、『官のシステム』、東京大学出版会
オズボーンとゲブラー、高地高司ほか訳、一九九五年一月、『行政革命』、日本能率協会マネジメントセン

ター（David Osborne and Ted Gaebler, 1992, *Reinventing Government*）
影山裕子、一九八七年一〇月、『経営学総論』、青葉出版
樺島秀吉、二〇〇四年六月、『採点！　47都道府県政』、平凡社新書
窪田好男、二〇〇五年二月、『日本型政策評価としての事務事業評価』、日本評論社
坂野達郎、二〇〇三年三月、「長期計画から戦略計画へ」、自治体計画行政研究会、『自治体と計画行政――財政危機下の管理と参加』、（財）日本都市センター
島田晴雄・三菱総合研究所政策研究部、一九九九年一二月、『行政評価――スマート・ローカル・ガバメント』、東洋経済新報社
総務省・分権型社会に対応した地方行政組織運営の刷新に関する研究会、二〇〇五年四月、『分権型社会における自治体経営の刷新戦略――新しい公共空間の形成を目指して』
新川達郎、一九九五年一月、「自治体計画の策定」、西尾勝・村松岐夫編、『講座・行政学4　政策と管理』、有斐閣
西寺雅也、二〇〇三年一〇月、「選挙公約と総合計画」、『地方自治職員研修』36巻10号、公職研
西寺雅也、二〇〇八年八月、『自律自治体の形成――すべては財政危機との闘いからはじまった』、公人の友社
沼上幹、二〇〇三年三月、『組織戦略の考え方――企業経営の健全性のために』、ちくま新書
ハトリー、上野宏・上野真城子訳、二〇〇四年七月、『政策評価入門――結果重視の業績測定』、東洋経済新報社（Harry P. Hatry, 1999, *Performance Measurement: Getting Result*）
古川俊一、二〇〇二年一〇月、「公共部門における評価の理論・類型・制度」、『公共政策研究』第二号、日

本公共政策学会
古川俊一、二〇〇五年、「ガバナンスによる変容を遂げる計画行政と経営——評価と参加の影響と展望」、『季刊行政管理研究』一〇九号
古川俊一・北大路信郷、二〇〇四年六月、『新版・公共部門評価の理論と実際——政府から非営利組織まで』、日本加除出版
ポイスター（Theodore H. Poister, 2003, *Measuring performance in public and nonprofit organizations*）
ボベールとラフラー（編著）、みえガバナンス研究会訳、二〇〇八年八月、『公共経営入門——公共領域のマネジメントとガバナンス』、公人の友社（Tony Bovaird and Elke Löffler（ed.）, 2003, *Public Management and Governance*）
ポリットとブッケールト（Christopher Pollitt and Geert Bouckaert, 2000, *Public management reform: a comparative analysis*）
ミンツバーグほか、齋藤嘉則監訳、一九九九年、『戦略サファリ』、東洋経済新報社（Henry Mintzberg et al. 1998, *Strategy Safari: A Guided Tour the World of Strategic Management*）
山口二郎、一九八七年六月、『大蔵官僚支配の終焉』、岩波書店
山谷清志、二〇〇六年五月、『政策評価の実践とその課題——アカウンタビリティのジレンマ』、晃洋書房
和田明子、二〇〇〇年九月、『ニュージーランドの市民と政治』、明石書店
和田明子、二〇〇七年一〇月、『ニュージーランドの公的部門改革——New Public Management の検証』、第一法規

1997年度	行政システム改革の検討 11月　新しい総合計画「三重のくにづくり宣言」	4月　消費税率5%に引き上げ 3月　特定非営利活動促進法成立
1998年度	行政システム改革(1998～2000年度：集中改革期間) 予算編成システムの改革(優先度表方式)	7月　小渕恵三内閣発足
1999年度	行政システム改革バージョンアップ 行政経営品質向上活動の導入	4月21日　北川知事再任 5月　情報公開法成立 7月　地方分権一括法成立
2000年度	管理職員勤務評定制度の導入 政策推進システムの検討開始 5月　労使協働委員会の創設	4月1日　地方分権一括法施行 4月　森喜朗内閣発足 1月　新省庁体制
2001年度	経営品質向上活動と政策推進システムを二大戦略に位置づけ 予算編成システムの改革(包括配分方式)	4月　小泉純一郎内閣発足
2002年度	政策推進システム導入	11月25日　北川知事三選不出馬表明
2003年度	三つの検討(総合計画、トータルマネジメントシステム、財政問題)	4月21日　野呂知事就任 5月　個人情報保護法成立 8月　RDF 発電所貯蔵槽爆発事故
2004年度	総合計画「県民しあわせプラン」 みえ行政経営体系	
2005年度	「新しい時代の公」推進方針	
2006年度	3月　みえ経営改善プラン 5月　「みえの文化力指針」策定	9月　安倍晋三内閣が発足

出典：筆者作成

	成を効果的に進めるため、評価結果を本人にフィードバックすることを大きな特徴としており、最終的により公務能率の増進による住民満足度の向上、職員の士気の高揚による職員満足度の向上をめざしている。	
「県民の声相談室」を設置した	県に対しての意見等について、来訪はもちろんのこと、電話、手紙、メール、FAX 等どんな手段でも受け付けられるようにし、さらに、県民の様々な意見等を貴重な情報としてデータベース化し(県民の声データベースシステム)、いつでも誰でもがそれらの情報を見られるようにした。	1998年度

(注) 北川改革の8年間で何が変わったかをまとめた三重県資料に基づいて、現在も続いていると考えられる項目を抜き出した。野呂県政での変化は取り上げていないこと、および現在の状況を十分に反映していないものがありうることをお断りする。
出典:『八年の軌跡』から抜粋し、修正を加えた。

三重県行革年表

年　度	三重県の行政改革	国・県などの動き
		1993年8月　細川連立内閣(非自民政権誕生) 1995年1月　阪神淡路大震災
1995年度	7月27日　さわやか運動キックオフ大会 **さわやか運動(職員の意識改革)** 10月　新しい総合計画の策定に着手	4月21日　北川知事就任 7月　地方分権推進法施行 戦後50周年 1月　橋本龍太郎内閣発足
1996年度	4月1日　**事務事業評価システム導入** 7月26日～8月1日　NZ 調査	9月　県・不適正執行の処理について公表 11月　国・行政改革会議設置

	る各部局やその職員が、十分な権限、責任、能力を持って自立して政策の立案、実行が行えるよう、従来の管理ではなく、支援(サポート)を行っていくこととしている。	
組織から「係」がなくなった	組織階層のフラット化による意思決定の迅速化と柔軟な組織運営を行うため、原則として係制を廃止し、グループ制を導入した。	1998年度
組織から「課」がなくなった	組織の単位やその運営方法について大きく見直し、これまでの「課」という組織単位を、政策・施策・事業体系に合わせた柔軟で弾力的な小規模な「チーム」へと変え、あわせて「マネージャー制」を導入した。 また、次長や課長補佐などの中間階層を廃止し、組織のフラット化を図るとともに、行政需要の急激な変化などに対応するため、行政課題等に対して期間を定め集中して取り組む「プロジェクトグループ」の設置や、県政全般に係る課題等を担当する「特命担当職」の設置を行った。	2002年度
各部屋を区切っていた壁がなくなりオフィスがワンフロア化された	従前の執務室は、各課が間仕切られていたため、スペースが狭く、来訪者用の席も確保できないなど様々な問題を抱えていた。 そこでこの問題を解決するとともに、部局長がよりマネジメントしやすくなるように、課と課の間仕切り壁を可能な限り取り払い、明るく、風通しの良いオープンフロアにした。	2000年度から順次実施
課長級の職員も一般職員と席を並べて仕事をするようになった	従来窓際にあつた課長級等の席を、マネジメントしやすくする等の理由から、一つのブロック(島)の中に取り込んだ。	2002年度
管理職員に勤務評定が導入された	職員の能力開発・人材育成、公正な人事への反映を目標として、2000年度から管理職員の勤務評定制度を導入した。 この評価制度では、職員の能力開発・人材育	2000年度

三重県の改革で変わったこと

項　　目	内　　容	備　考
名刺の印刷費が個人負担から公費負担になった	名刺は個人で使う場合もあるとして印刷費は個人負担としていたものを、三重県のPR、情報発信に資することを目的として公費負担とする扱いとした。 20数種類のカラフルなデザインの台紙を使用することで、三重県をPRする戦略物資として名刺を使用している。 なお、当時の自治省の見解では名刺の公費負担は不可とされていた。	職員提案 1997年度
女性職員の制服がなくなった	男女の固定的な役割分担の意識改革のため、事務服の着用を義務付けている女性職員について、職員一人ひとりの自由な判断で服装を選べるようにした。	職員提案 1997年度
カジュアルな服装で仕事をするようになった	気軽な服装で心身をリフレッシュすることにより、創造的で柔軟な発想を養うことなどを目的に、毎週水曜日をノーネクタイのカジュアルな服装で勤務するカジュアルウェアデーとした。	職員提案 1997年度
辞令がなくなった	定期的人事異動、研修等の辞令を廃止した。	1998年度
出勤簿がなくなった	職員の士気の高揚と自己管理の徹底を図るため、出勤簿を廃止した。	1999年度
大きなイベントでも、県職員が司会をするようになった	イベントのリード役、プレゼンテーターとしてのイベントマスターを養成し、外部の人ではなく、県行政及びイベントの趣旨を十分理解した職員自らが行っている。	1999年度
従来の「総務部」の権限を小さくした	組織・定数、人事及び予算に関する権限を縮小し、それらに係る事務処理等の運用を見直した。 なお総務局は、県民に直接サービスを提供す	1998年度

著者略歴

村林　守（むらばやし　まもる）

1972年三重県庁入庁、予算調整課長、総合企画局長、政策部長などを歴任し、2007年３月に退職。北川県政および野呂県政の12年間にわたって三重県の改革を担当した。2008年４月より三重中京大学現代法経学部教授。2010年４月から同地域社会研究所長。

文部科学省独立行政法人評価委員会臨時委員、松阪市行財政改革推進委員会委員長など多数の公職に就任。

主な著作

参考文献にあげたもの以外に、「地方分権改革時代の地域づくり」（2008年３月『三重中京大学地域社会研究所報』第20号）、「『過疎』問題の本質と地域づくり」（2009年３月『三重中京大学地域社会研究所報』第21号）、「これからの地域づくりと農林水産業の新たな展開」（2011年３月『三重中京大学地域社会研究所報』第23号）、「政策と組織と職員と～地域主権時代の政策マインドを引き出す」（『ガバナンス』2011年11月号）など

共同翻訳『公共経営入門～公共領域のマネジメントとガバナンス』（公人の友社）

こうすればできる自治体改革

――三重県の行政改革に学ぶ

2012年８月18日　初版第一刷発行

著　者　村林　守

発行者　廣橋研三

発行所　和泉書院

〒543-0037　大阪市天王寺区上之宮町７－６

電話 06-6771-1467／振替 00970-8-15043

印刷・製本　亜細亜印刷／装訂　井上二三夫

ISBN978-4-7576-0630-2　C1031　　定価はカバーに表示